宏观政策对企业创新的影响研究

黄志忠 著

科 学 出 版 社

北 京

内 容 简 介

本书研究了货币政策和税收优惠政策对上市公司创新的影响以及股票市场、公司治理机制在其中所发挥的作用。货币政策对上市公司的创新投资有所影响，但不显著；税收优惠政策对上市公司创新投资的影响更直接、更有效。股权结构会影响企业的创新投资水平和效率。股权适当集中更好，股权过度分散时，失控的管理层会利用国家对创新的鼓励政策实施机会主义的过度创新投资，造成资源的浪费，损害投资者利益。企业可能会通过政治途径干预国家的创新资源配置，造成稀缺资源的错配，降低创新效率。本书的特色是通过微观企业的创新行为来评估宏观经济政策的效果及其影响因素。

本书适合财务和经济领域的博士生、学者和高层政府官员阅读。

图书在版编目（CIP）数据

宏观政策对企业创新的影响研究 / 黄志忠著. —北京：科学出版社，2018.11

ISBN 978-7-03-056075-9

Ⅰ. ①宏… Ⅱ. ①黄… Ⅲ. ①经济政策-影响-企业创新-研究 Ⅳ. ①F273.1

中国版本图书馆 CIP 数据核字（2017）第 315931 号

责任编辑：陈会迎 / 责任校对：孙婷婷

责任印制：吴兆东 / 封面设计：无极书装

科学出版社出版

北京东黄城根北街 16 号

邮政编码：100717

http://www.sciencep.com

北京厚诚则铭印刷科技有限公司 印刷

科学出版社发行 各地新华书店经销

*

2018 年 11 月第 一 版 开本：720×1000 B5

2019 年 2 月第二次印刷 印张：10 3/4

字数：214 000

定价：78.00 元

（如有印装质量问题，我社负责调换）

前　言

本书是国家自然科学基金项目“宏观经济政策、公司治理对企业创新的影响研究”（批准号：71372029）的研究成果。本书从微观角度来审视我国宏观经济政策，包括货币政策、财政政策、产业政策甚至如股票市场、房地产市场等宏观环境如何联合公司治理对企业的创新行为产生影响。我们采用这个独特的视角，以突破已有的单纯从宏观角度或微观的角度看问题的枷锁，以期更加全面地审视我国的宏观政策，以及我国的经济应该有的发展动力。

在宏观经济理论中，存在着以投资拉动经济的凯恩斯主义和以创新拉动经济的熊彼特主义两个学派。本书首先用投资决策模型和上市公司的数据进行实证研究，审视了凯恩斯主义在中国的适用性。我们发现，宽松的货币政策确实会通过利率渠道拉动企业的固定资产投资。但与西方国家不同的是，股市和房市会吸收宽松货币政策所产生的流动性，从而部分地抵消宏观货币政策的效应。不仅如此，宽松的货币政策还会通过促使股票价格上涨和房产价格上涨而产生资产价格的泡沫，泡沫的膨胀会吸走大量的资金；泡沫的破灭又会带来经济危机。因此，要改变传统的凯恩斯主义思想，需要有针对性地引导资金向需要的地方配置，才能有效地促进经济的增长。值得借鉴的是，许多发达国家正在通过政府发起设立风险投资基金的形式来推动企业的创新，以创新拉动经济的增长。

我国正处于经济转型时期，创新驱动已经成为重要的国策。但是，人们对创新对特定环境的依赖认识不够，传统的粗放式管理习惯难以转变，对经济管理中的机会主义行为不够重视。本书以代理理论为逻辑起点，进行理论模型的构建和推导，并使用上市公司的数据对理论观点进行实证研究。我们采取这种研究路径的原因是避免过多的主观猜测，模型的推导也能得到一些意想不到的结论。例如，我们一般会认为宽松的货币政策能促进创新，但事实并非如此。我们一般会认为，针对创新的税收优惠政策能够促进创新，但这种政策很可能刺激了低效益的创新而造成稀缺资源的浪费。那些代理问题较严重、股权较分散的公司甚至会乘机过度创新投资以便从中攫取私人利益，但创新产出并没有得到明显的提高。

针对高新技术企业的税收优惠还会催生寻租和腐败。企业会利用高管的政府官员身份进行寻租，获取高新技术企业认证，从而获得税收优惠的好处，但创新投资并没有因此而增加。因此，政治关联可能正在阻碍我们国家的经济转型，这缘于我们的一些掌握着资源分配权力的官员是具有道德风险的。如何有效地排除政治对资源配置的干扰，是一个需要进一步研究的课题。

最后，我们通过两个案例来介绍澳大利亚是如何通过设立由政府与民营企业混合投资的风险投资基金来定向支持创新和创业的，以供政策决策者借鉴。

目　　录

第一篇　宏观经济与企业创新

第二篇　公司治理与企业创新

第三篇 公司治理如何影响宏观政策的作用

第四篇　总结与国际经验借鉴

第一篇

宏观经济与企业创新

第1章　创新与经济增长的关系

凯恩斯主义经济学认为企业投资是经济增长的动力，该学派的 IS-LM①模型显示，宏观货币政策的量化宽松措施能够通过信贷投放促进投资，并推动经济增长（Bernanke and Blinder，1992）。但是，另一支宏观经济学——熊彼特主义经济学则认为，企业创新才是经济增长的关键动力（Aghion and Howitt，2006）。Posner（1961）解释了两个不同经济和技术发展水平的国家间经济增长的差异，认为差异来自两种资源：扩大差异的创新和缩小差异的模仿。Fagerberg（1987，1988）提出三个造成增长率差异的要素：创新、模仿和与其他技术的商业开发相关的努力。Fagerberg 和 Verspagen（2002）发现创新已经逐渐成为解释不同国家经济增长差异的强有力因素。

Romer（1986）、Lucas（1988）强调有必要引入技术作为影响经济增长的一个内生性因素。与新古典经济学认为投资边际效应递减相反，内生增长理论认为，受益于技术的进步，投资收益可能会是边际递增的，但这种创新投资的边际收益递增趋势存在区域间的不平衡（Solow，1956；Swan，1956）。在创新驱动下，核心区域的投资而不是边缘地区的投资能够获得更好的回报。这是由于创新依赖于对新知识的积累，积累到一定程度而产生规模效应，即从量变到质变，而这是需要一个过程的。在这一过程中，研究开发（R&D）投入也并不能产生立竿见影的效果。在同一个高密度创新投资的中心区域中，一个公司在产品、技术或组织层面有了重大的创新，其他公司的 R&D 团队因在平常的交流中对该公司的相关信息或与该创新相关的知识有所了解，从而得到鼓励或启发，获得新的突破，取得创新，这就是创新的溢出效应。Dosi（1988）提出："投资于R&D的收益往往与投资的额度和累积效应的强度正相关。"R&D 的累积性能够带来知识外溢的最大化进而提高创新效率（Audretsch and Feldman，1996）。而在经济边缘区域中，创新投资并不活跃，各个公司的创新团队常处于孤岛状态，相互之间缺

① IS 指的是 investment-saving（投资-储蓄），LM 指的是 liquidity preference-money supply（流动性-货币供应），IS-LM 即投资储蓄-流动性货币供应链。

乏交流，创新的溢出效应几乎没有。因为科学和技术知识往往晦涩难懂，不仅需要努力地学习，还需要不断地积累技能而后才能掌握（Salter and Martin，2001）。R&D 投资在低水平的人力资本下是无法获利的，只有人力资本达到某个阈值以后才能获利（Sorensen，1999）。对于经济边缘区域，掌握着 R&D 所需核心知识的人力资本是难以被吸引到那里去的。因此，处于经济边缘区域的创新是否存在边际收益递增效应，难以确定。可见，一国的创新资源分配也应该优先考虑配置到创新活跃的区域。对于公司而言，R&D 部门更应该设立在其他公司的 R&D 部门较为集中的地区，如杭州就是当前互联网 R&D 较为密集的区域。因而，从内生增长理论的视角来看，创新与经济增长实际上是互为因果的。

但实证研究的结果可能会因为所用方法的不同而不同。Sinha 利用 1963~2005 年单个国家的面板数据检验了日本和韩国的专利数与经济增长的关系，发现日本的 GDP（gross domestic product，国内生产总值）的自然对数与专利数之间呈协整（co-integrated）关系，也发现了 GDP 增长与专利数增长之间的双向因果关系。至于韩国，没有发现协整或因果关系的证据。

Wu 和 Zhou（2007）调查研究了中国的 R&D 支出与经济增长之间的协整和因果关系，并检验了 1953~2004 年 R&D 支出与经济增长间的因果关系。结果发现，R&D 支出与 GDP 之间存在长期的协整关系，R&D 与 GDP 之间具有双向因果关系。这个结果表明，R&D 支出的提高可能带来持久的经济增长。

Ye（2007）发现，GDP 与专利存在以下关系：

$$G = kF\left(\lg P\right)N$$

其中，G 为资本平均 GDP（per capita GDP）；F 为 R&D 支出占 GDP 的比重；P 为专利申请数（patent applications）；N 为每 1 万个居民中互联网使用人数；k 为截距项，不同国家在 0.4~1.2 变动。

Josheski 和 Koteski（2011）调查研究了 1963~2003 年 G7（7 大工业国组织）经济体的专利增长率与 GDP 增长率之间的动态联系，发现专利的季度增长率与 GDP 的季度增长率之间存在长期的正相关关系。格兰杰因果检验显示，在 G7 国家中专利的增长率是 GDP 增长率的格兰杰原因。无约束的向量自回归（vector auto regressive，VAR）显示专利增长率与滞后二期或三期的 GDP 增长率之间存在正相关关系。

Mirzadeh 和 Nikzad（2013）研究了 20 个国家的专利申请数与 GDP 的关系，发现不同的国家二者的关系不同。日本的专利数能够解释 76%的 GDP。根据专利数与 GDP 相关程度的不同，他们将这 20 个国家分成三种发展水平：日本、美国、韩国和德国为发达国家，法国、英国和中国为中等发达国家，而加拿大、意大利、澳大利亚、瑞典、新加坡等 13 个国家为发展中国家。

传统的宏观经济主要关注资源如何向创新配置及其经济后果，而创新过程则或多或少地被看作“黑箱”。就如同上文所述，不知道创新过程就难以最优化地配置创新的资源。企业的创新过程显然与创新团队有关。创新团队成员作为产权的代理人也会存在偷懒或浪费资源、在职消费等道德风险，这会阻碍创新过程的顺利进行。因而，企业的创新过程也是需要控制或监督的。但过强的监督未必是好事，因为有时候偷懒是难以被察觉的，因而，适当的激励是必要的。反过来，不同的公司治理结构或监督机制可能会对 R&D 投资的边际收益产生影响。也就是说，R&D 投资的边际收益递增程度会因公司治理和股权结构的不同而不同。就如同 Jones 和 Butler（1992a）所说的那样，企业如何使用稀缺的创新资源，取决于公司的股权结构和治理系统。在 20 世纪 80 年代初美国企业就被广泛地批评在国际竞争市场中浪费了 R&D 资金。人们意识到美国投资资本分配开始失效，令美国公司处于严重的劣势，并威胁到国家经济的长期增长。对此公司管理层指责“短期行为”，董事们指责非有效的公司治理和高昂的资本成本（Zahra，1996）。

第 2 章　宏观货币政策影响企业创新的路径分析

2.1　宏观货币政策的传导路径理论分析

政府为了促进企业创新，会给创新企业优惠政策，包括税收优惠政策和融资优惠政策。这些宏观政策是否促进企业加大创新力度？如何影响企业的创新投资行为？最终的效果如何？尤其是公司治理是否在宏观政策与企业创新之间发挥中介作用？宽松的货币政策和税收政策对代理问题起到了缓解作用还是加重作用？这都是需要回答的问题。

经典的凯恩斯主义经济增长理论从货币政策开始，路经银行等金融机构，向最终的目的地——经济增长传递。如图 2.1 所示，货币政策的传导路径包括：①作为传统凯恩斯教科书中 IS-LM 模型核心的利率渠道；②信用（或银行信贷）渠道（Kashyap and Stein，1994；Bernanke and Gertler，1995）；③体现在 Tobin（1969）投资理论中的资产价格渠道（asset price channel）。当然还有汇率渠道、资产负债表渠道等。不管是哪个渠道，中间都要经过企业投资这一环节才能推动生产率的提高。

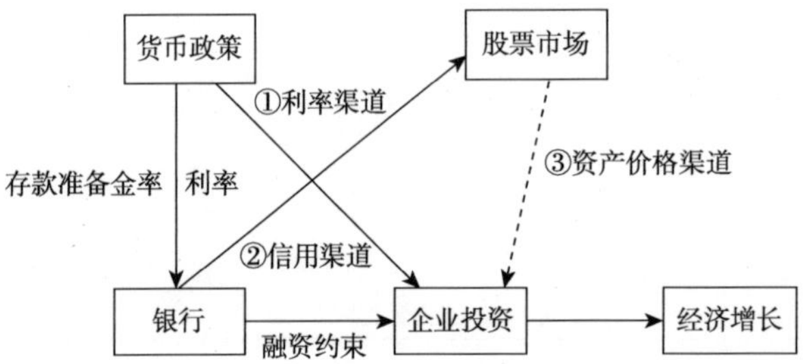

图 2.1　货币政策传导路径

在中国，利率渠道被证实（彭方平和王少平，2007），信用渠道也已被证实（黄志忠和谢军，2013；欧阳志刚和薛龙，2016）。但在资产价格渠道方面，张林武等（2007）的研究表明，中国股票市场还没有成为货币政策传导的有效渠道。裴平和熊鹏（2003）甚至认为中国的货币政策传导过程中可能存在“股市渗漏”效应。

在宏观经济学领域研究货币政策的传导路径主要是研究宏观货币政策的变化通过何种途径影响经济的增长，如观察货币政策的变化是否影响了市场利率、信贷额度，或者资产价格，而利率、信贷额度和资产价格是货币政策影响 GDP 的中介变量。利率、信贷额度和资产价格是如何影响 GDP 增长的，则被视为“黑箱”。

谢军等（2013）、谢军和黄志忠（2014a，2014b）则打开了这个“黑箱”，研究了宏观货币政策是否影响及如何影响企业的投资行为。我们的一系列研究发现，货币政策是通过影响企业的融资约束来影响企业的投资行为的。在这中间，利率起了关键作用。

企业通常用净现值法进行投资决策。设投资水平为 x，那么投资的净现值等于投资的累积收益减去投资的累积成本。投资收益等于单位产出与单位投入之差。投资收益大于零未必是项目可行的充分条件。投资收益还应该能够补偿投入资金的资本成本，即投资的资本成本。投资的资本成本可分为两个部分：一是内部融资的成本，其边际成本等于企业的加权平均资本成本；二是当内部资金不够时外部融资的成本。假定企业的加权平均资本成本不变，为 $C_{\text{IN}}(\text{CFI})=k$（内部融资的边际成本）；外部融资的边际成本为 $C_{\text{EX}}(x-\text{CFI})$，且边际外部融资成本递增，$\partial C_{\text{EX}}(x)/\partial x>0$。设企业投资的边际回报为 $R(x)$，它是投资水平 x 的函数。按照 Solow（1956）、Swan（1956）的理论，投资回报率边际递减，即随着某项目投资水平的增加，项目的边际回报率会下降，$\partial R/\partial x<0$。于是，投资决策模型可描述为

$$\begin{aligned}\text{NPV}_{\text{Inv}}&=\int_0^{\text{Inv}}R(x)\mathrm{d}x-\int_{\text{CFI}}^{\text{Inv}}C_{\text{EX}}(x-\text{CFI})\mathrm{d}x-\int_0^{\text{CFI}}C_{\text{IN}}(x)\mathrm{d}x\\&=\int_0^{\text{Inv}}R(x)\mathrm{d}x-\int_{\text{CFI}}^{\text{Inv}}C_{\text{EX}}(x-\text{CFI})\mathrm{d}x-k\bullet\text{CFI}\\&=\left[\Re(\text{Inv})-\Re(0)\right]-\left[\vartheta(\text{Inv}-\text{CFI})-\vartheta(0)\right]-k\bullet\text{CFI}\end{aligned}\tag{2.1}$$

其中，$R(x)$为边际投资回报率；$C_{\text{EX}}(x)$为外部资本边际成本；$C_{\text{IN}}(x)$为内部资本边际成本；x为单位投资额；$\Re(x)$为$R(x)$的原函数；$\vartheta(x)$为$C_{\text{EX}}(x)$的原函数。

在追求最大化 NPV_{Inv} 的目标下，企业的最优投资规模满足均衡条件：

$$\frac{\partial \mathrm{NPV_{Inv}}}{\partial \mathrm{Inv}}=0$$

即

$$\frac{\partial \mathrm{NPV_{Inv}}}{\partial \mathrm{Inv}}=R\left(\mathrm{Inv}^*\right)-C_{\mathrm{EX}}\left(\mathrm{Inv}^*-\mathrm{CFI}\right)=F\left(\mathrm{Inv}^*,\mathrm{CFI}\right)=0 \tag{2.2}$$

根据隐函数定理（Inv>CFI），由式（2.2）可得出

$$\frac{\mathrm{dInv}^*}{\mathrm{dCFI}}=-\frac{\frac{\partial F}{\partial \mathrm{CFI}}}{\frac{\partial F}{\partial \mathrm{Inv}^*}}=-\frac{\frac{\partial C_{\mathrm{EX}}\left(\mathrm{Inv}^*-\mathrm{CFI}\right)}{\partial\left(\mathrm{Inv}^*-\mathrm{CFI}\right)}}{\frac{\partial R\left(\mathrm{Inv}^*\right)}{\partial \mathrm{Inv}^*}-\frac{\partial C_{\mathrm{EX}}\left(\mathrm{Inv}^*-\mathrm{CFI}\right)}{\partial\left(\mathrm{Inv}^*-\mathrm{CFI}\right)}} \tag{2.3}$$

因为投资回报率的边际递减，即$\partial R\left(\mathrm{Inv}^*\right)/\partial \mathrm{Inv}^*<0$，又由于利率对企业的融资成本有正向影响，即$\partial C_{\mathrm{EX}}\left(\mathrm{EF}\right)/\partial \mathrm{EF}>0$（其中$\mathrm{EF=Inv-CFI}$），可得

$$\frac{\mathrm{dInv}^*}{\mathrm{dCFI}}>0 \tag{2.4}$$

式（2.4）表明：利率对企业融资成本的正向影响，使企业投资对内部现金流具有一定的敏感性和依赖性；这种依赖性反映了企业投资支出的融资约束效应。

当中央银行实施宽松的货币政策时，增加的货币发行量（以下用 MS 表示）会促进信贷投放。商业银行提供给企业的贷款额度增大，这也会促使利率相应下浮，从而降低企业的融资成本。因此，企业对外融资成本是对外融资数量与货币政策交互作用的结果。通常，货币政策是外生变量，而对外融资数量则受融资成本的约束，是内生变量。但融资成本也受企业对外融资数量的影响，即所谓的信贷额度的影响。记$C_{\mathrm{EX}}\left(\mathrm{EF}\right)=C_{\mathrm{EX}}\left(\mathrm{EF,MS}\right)$，有

$$\frac{\partial C_{\mathrm{EX}}}{\partial \mathrm{EF}}>0\text{，}\frac{\partial C_{\mathrm{EX}}}{\partial \mathrm{MS}}<0\text{和}\frac{\partial^2 C_{\mathrm{EX}}}{\partial \mathrm{EF}\cdot\partial \mathrm{MS}}<0$$

在追求最大化$\mathrm{NPV_{Inv}}$的目标下，企业的最优投资规模满足均衡条件：

$$\begin{aligned}\frac{\partial \mathrm{NPV_{Inv^*}}}{\partial \mathrm{Inv}^*}&=R\left(\mathrm{Inv}^*\right)-C_{\mathrm{EX}}\left[\left(\mathrm{Inv}^*-\mathrm{CFI}\right),\mathrm{MS}\right]\\&=F\left(\mathrm{Inv}^*,\mathrm{CFI},\mathrm{MS}\right)=0\end{aligned} \tag{2.5}$$

当$\mathrm{Inv}^*\leqslant\mathrm{CFI}$时，$C_{\mathrm{EX}}\left[\left(\mathrm{Inv}^*-\mathrm{CFI}\right),\mathrm{MS}\right]=0$，则最优解是使$R\left(\mathrm{Inv}^*\right)=0$的投资额，而最优投资水平$\mathrm{Inv}^*$不受融资约束，因而对内部现金流不敏感。因此，我们只需讨论$\mathrm{Inv}^*>\mathrm{CFI}$的情景。

当$\mathrm{Inv}^*>\mathrm{CFI}$时，根据母函数定理，由式（2.5）可得

$$\frac{\mathrm{dInv}^*}{\mathrm{dCFI}}=-\frac{\dfrac{\partial F}{\partial \mathrm{CFI}}}{\dfrac{\partial F}{\partial \mathrm{Inv}^*}}=-\frac{\dfrac{\partial C_{\mathrm{EX}}\left[\left(\mathrm{Inv}^*-\mathrm{CFI}\right),\mathrm{MS}\right]}{\partial\left(\mathrm{Inv}^*-\mathrm{CFI}\right)}}{\dfrac{\partial R}{\partial \mathrm{Inv}^*}-\dfrac{\partial C_{\mathrm{EX}}\left[\left(\mathrm{Inv}^*-\mathrm{CFI}\right),\mathrm{MS}\right]}{\partial\left(\mathrm{Inv}^*-\mathrm{CFI}\right)}} \tag{2.6}$$

由于货币政策是外生的，即$\partial\mathrm{MS}/\partial\left(\mathrm{Inv}^*-\mathrm{CFI}\right)=0$，故

$$\frac{\partial C_{\mathrm{EX}}\left[\left(\mathrm{Inv}^*-\mathrm{CFI}\right),\mathrm{MS}\right]}{\partial\left(\mathrm{Inv}^*-\mathrm{CFI}\right)}=\frac{\partial C_{\mathrm{EX}}}{\partial \mathrm{EF}}>0$$

对式（2.6）再求MS的偏导数，得

$$\frac{\partial\left(\dfrac{\mathrm{dInv}^*}{\mathrm{dCFI}}\right)}{\partial \mathrm{MS}}=-\frac{1}{\left[R'\left(\mathrm{Inv}^*\right)-C'_{\mathrm{EX}}\left(\mathrm{Inv}^*-\mathrm{CFI}\right)\right]^2}\frac{\partial^2 C_{\mathrm{EX}}\left[\left(\mathrm{Inv}^*-\mathrm{CFI}\right),\mathrm{MS}\right]}{\partial\left(\mathrm{Inv}^*-\mathrm{CFI}\right)\partial \mathrm{MS}}\frac{\partial R}{\partial \mathrm{Inv}^*} \tag{2.7}$$

因$\partial R/\partial\mathrm{Inv}^*<0$，$\dfrac{\partial^2 C_{\mathrm{EX}}}{\partial\mathrm{EF}\bullet\partial\mathrm{MS}}<0$，故有

$$\frac{\partial\left(\dfrac{\mathrm{dInv}^*}{\mathrm{dCFI}}\right)}{\partial \mathrm{MS}}<0 \tag{2.8}$$

可见，企业投资–现金流敏感度与货币发行量负相关，即宽松的货币政策能够降低企业的最优投资水平对内部现金流的依赖程度。实际上，我们对式（2.2）两边求MS的偏导数可得

$$\frac{\mathrm{dInv}^*}{\mathrm{dMS}}=-\frac{\dfrac{\partial F}{\partial \mathrm{MS}}}{\dfrac{\partial F}{\partial \mathrm{Inv}^*}}=-\frac{\dfrac{\partial R\left(\mathrm{Inv}^*\right)}{\partial \mathrm{MS}}-\dfrac{\partial C_{\mathrm{EX}}\left[\left(\mathrm{Inv}^*-\mathrm{CFI}\right),\mathrm{MS}\right]}{\partial \mathrm{MS}}}{\dfrac{\partial R}{\partial \mathrm{Inv}^*}-\dfrac{\partial C_{\mathrm{EX}}\left[\left(\mathrm{Inv}^*-\mathrm{CFI}\right),\mathrm{MS}\right]}{\partial\left(\mathrm{Inv}^*-\mathrm{CFI}\right)}} \tag{2.9}$$

由于宽松的货币政策能够降低企业的外部融资成本，故而有$\partial C_{\mathrm{EX}}/\partial\mathrm{MS}<0$。随着外部融资成本的下降，投资的收益率可能会上升，至少不下降，即$\partial R/\partial\mathrm{MS}\geqslant 0$。加上投资收益的边际递减假设$\partial R/\partial\mathrm{Inv}^*<0$，以及融资成本的边际递增假设$\partial C_{\mathrm{EX}}\left(\mathrm{EF}\right)/\partial\mathrm{EF}>0$（其中$\mathrm{EF}=\mathrm{Inv}-\mathrm{CFI}$），有

$$\frac{\mathrm{dInv}^*}{\mathrm{dMS}}>0 \tag{2.10}$$

式（2.10）表明，宽松的货币政策会促进企业增加投资。结合式（2.8）可知，宽松的货币政策通过降低企业投资对内部现金流的依赖度来实现对企业投资的刺激。因而，利率渠道或信用渠道都可能是货币政策的传导路径。

不过，回顾以上的推导，货币能够对企业投资产生影响，有三个重要条件：一是投资收益的边际递减；二是债务融资成本随着融资额的增大而增大；三是宽松的货币政策通过增加货币供应降低债务融资成本。如果某个条件不满足，结果就不一定成立，如国有企业的融资成本就未必随融资额的增大而增大。当宽松的货币政策造成房市和股市的火热时，信贷资金会被房市和股市所吸收，而实业部门未必能够获得信贷额度的增加，商业银行也未必会因为货币供应量的增加而降低贷款利率。最后，创新的投资被认为有可能是投资收益边际递增的。如果创新投资的边际收益率超过外部融资的边际成本，即式（2.9）分母会是正的，此时，式（2.9）取负值。此时，最优创新投资水平与货币发行量负相关，这是难以理解的。造成这个结果的原因，可能是随着货币政策的宽松，创新投资与一般投资相比其优势反而缩小或者消失了，创新投资附加的风险难以得到补偿。因而，宽松的货币政策对创新投资未必具有促进作用。

2.2　宏观货币政策的传导路径实证研究

根据 2.1 节的理论分析，黄志忠和谢军（2013）进行了如下假设的检验。

$H_{2.1}$：内部现金流对企业投资具有融资约束效应，或者说企业投资对内部现金流具有较强的依赖性，企业投资会随着内部现金流的增加而扩张，随着内部现金流的减少而收缩。

$H_{2.2}$：货币发行量的环比增率的提高能够促使企业扩大投资，对企业投资具有正向效应；或者说，宽松的货币政策能够促使企业扩大投资。

$H_{2.3}$：宽松的货币政策能够缓解融资约束，降低企业投资内部现金流敏感性；或者说，宽松的货币政策对企业投资内部现金流敏感性具有负向效应。

为了检验以上假设，我们选取了 2002 年第 1 季度至 2010 年第 4 季度在沪深交易所上市交易的 1 932 个非金融公司为样本，共取得 43 906 个公司–季度数据。扣除数据不全的 161 个季度数据，最终用于研究的公司–季度数据共 43 745 个，其中国有控股的样本占 64%，共 27 884 个公司–季度数据。研究所需的财务数据来源于色诺芬数据库，货币政策数据来源于国家统计局。

为了检验以上三个假设，我们设计如下模型：

$$\frac{\mathrm{Inv}_{it}}{\mathrm{asset}_{i,t-1}}=\alpha+\beta\cdot\frac{\mathrm{CFI}_{i,t-1}}{\mathrm{asset}_{i,t-1}}+\varphi\cdot\frac{\mathrm{Inv}_{i,t-1}}{\mathrm{asset}_{i,t-2}}+\sum\gamma_j\cdot\mathrm{Control}_j+\varepsilon_{it}\qquad(2.11)$$

$$\frac{\text{Inv}_{it}}{\text{asset}_{i,t-1}} = \alpha + \alpha' \cdot \text{MI}_{i,t-1} + \beta \cdot \frac{\text{CFI}_{i,t-1}}{\text{asset}_{i,t-1}} + \beta' \cdot \text{MI}_{i,t-1} \cdot \frac{\text{CFI}_{i,t-1}}{\text{asset}_{i,t-1}} + \varphi \cdot \frac{\text{Inv}_{i,t-1}}{\text{asset}_{i,t-2}} + \sum \gamma_j \cdot \text{Control}_j + \varepsilon_{it} \quad (2.12)$$

其中，Inv 为投资支出；CFI 为内部现金流；MI 为货币发行量环比增率（货币政策的量化指标）；Control_j 为控制变量；ε 为残差项。式（2.11）用于检验 $H_{2.1}$，式（2.12）用于检验 $H_{2.2}$ 和 $H_{2.3}$。具体变量说明见表 2.1。

表 2.1　变量说明表

变量名称	变量符号	变量类型	预期影响方向	变量含义	备注
总投资	Inv	因变量		投资现金流支出/期初资产余额	
内部现金流_−1	CFI	解释变量	+	前期经营活动产生的现金净流量（CFO）/期初资产余额	参考 Fazzari 等（1988）的研究
货币发行量_−1	MI	解释变量	+	上一季度货币发行量：当货币发行量环比大于等于 1.1 时取 2；当货币发行量环比小于 1.1 且大于等于 1 时取 1；当货币发行量环比小于 1 时取 0	该指标为宏观货币政策的量化指标
国有企业	SOE	控制变量		虚拟变量：SOE=1，国有企业；SOE=0，非国有企业	
企业规模_−1	Size	控制变量		期初资产账面价值的对数	
资本结构_−1	LEV	控制变量		期初资产负债率	
现金持有量_−1	Cash	控制变量		期初现金存量/期初资产余额	
数据期间单位为季度单位（特别说明除外）					

我们直观地考察了企业投资行为与宏观经济要素的关系（图 2.2），发现宏观货币政策有明显的“慢四”节奏，而企业的投资水平同样有“慢四”节奏，不同的是节奏一前一后。可见，企业投资支出与前期货币发行量环比增率存在很强的协整效应，即企业投资行为主要受宏观货币政策的影响。前期货币发行量增大（减小），本期企业的投资水平也随之提高（降低），二者关系紧密。而经济景气度与股票市场“情绪”之间存在一定的相关关系，对企业投资行为似乎影响不明显。由此，我们似乎可以得出结论，政府的宏观调控（货币政策）在企业投资行为中扮演着比宏观经济状况和股票市场“情绪”（分别用企业景气指数和股市季收益率度量，见图 2.2）更为重要的角色。

表 2.2 是主要研究变量的描述性统计数据，表 2.3 是主要研究变量之间的 Spearman 和 Pearson 相关系数（括号内为显著性水平）。从 Pearson 相关性分析来看，前期货币发行量与本期企业投资存在显著的正相关关系，企业的现金持有量

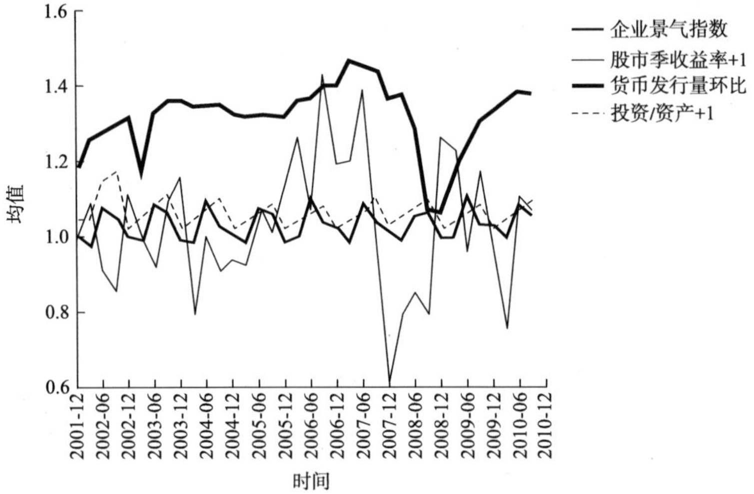

图 2.2　宏观经济形势、股市行情、货币政策与企业投资

和内部现金流也都与本期的投资水平存在显著的正相关关系，而内部现金流与上期的投资水平几乎不相关，说明我国上市公司在投资决策上受到融资的约束。而从 Spearman 相关性分析来看，影响企业投资决策的主要有内部现金流、现金持有量水平、货币发行水平和企业规模。

表 2.2　主要变量的描述性统计

变量名称	均值	中值	标准差	最小值	最大值
总投资	0.057 5	0.032 0	0.077 6	− 0.219 5	0.984 4
内部现金流_− 1	0.019 0	0.017 0	0.350 9	− 63.740 9	5.730 5
货币发行量_− 1	1.031 5	1.025 9	0.040 1	0.972 4	1.111 8
企业规模_− 1	21.415 1	21.283 5	1.143 8	14.739 2	29.695 5
资本结构_− 1	0.506 8	0.521 2	0.196 9	0.001 7	1.000 0
现金持有量_− 1	0.167 8	0.131 6	0.139 8	0.000 0	5.501 6

注：总投资/资产和财务杠杆_− 1 在统计时进行了缩尾处理

表 2.3　相关性分析

变量	Inv	Inv_{t-1}	CFI	$Cash_{t-1}$	LEV_{t-1}	MI_{t-1}	$Size_{t-1}$
Inv	1	0.201	0.469	0.056	− 0.007	0.059	0.163
		(0.000)	(0.000)	(0.000)	(0.157)	(0.000)	(0.000)
Inv_{t-1}	0.201	1	0.114	0.160	− 0.196	0.065	0.163
	(0.000)		(0.000)	(0.000)	(0.000)	(0.000)	(0.000)
CFI	0.469	0.002	1	− 0.003	− 0.056	0.096	0.151
	(0.000)	(0.652)		(0.466)	(0.000)	(0.000)	(0.000)

续表

变量	Inv	Inv_{t-1}	CFI	$Cash_{t-1}$	LEV_{t-1}	MI_{t-1}	$Size_{t-1}$
$Cash_{t-1}$	0.056	0.054	−0.016	1	−0.341	0.016	0.018
	(0.000)	(0.000)	(0.001)		(0.000)	(0.000)	(0.000)
Lev_{t-1}	−0.007	0.036	0.023	0.004	1	−0.008	0.210
	(0.157)	(0.000)	(0.000)	(0.382)		(0.114)	(0.000)
MI_{t-1}	0.059	0.087	0.012	0.014	−0.002	1	0.017
	(0.000)	(0.000)	(0.013)	(0.000)	(0.741)		(0.000)
$Size_{t-1}$	−0.039	−0.006	0.026	−0.065	−0.012	-0.120^{*}	1
	(0.000)	(0.178)	(0.000)	(0.000)	(0.000)	(0.000)	

注：右上角为 Spearman 相关系数及显著水平；左下角为 Pearson 相关系数及显著水平

资料来源：黄志忠和谢军（2013）

表 2.4 的回归结果（1）和（2）分别是模型（2.11）和模型（2.12）的回归结果。首先，从表 2.4（1）的结果来看，企业投资具有延续性特征，即本期的投资水平与上期的投资水平具有很强的相关关系。但这个关系还不如总投资 Inv 与内部现金流 CFI 的关系强，表明中国上市公司的投资极大地受外部融资的约束，$H_{2.1}$ 得到支持。上市公司面临强融资约束的另一个证据是，企业投资水平与上一季度的负债比率显著负相关，即负债比率高时，企业的对外投资就会受阻。而企业规模与投资水平正相关，这与大规模企业受到的融资约束较小的观点相一致。回归结果（1）和（2）均显示：企业投资总支出显著依赖于内部现金流；这意味着，无论外部环境如何，企业所面对的融资约束具有普遍意义。回归结果（2）显示：宽松的货币政策促进了企业扩张投资，并显著地降低了企业投资对内部现金流的依赖性，该结果验证了 $H_{2.2}$ 和 $H_{2.3}$。这表明，宽松的货币政策能够激励企业投资，并有效缓解企业的融资约束，改善企业的金融生态环境。以上的研究结果为宏观货币政策通过利率和信用渠道进行传递提供了企业层面的证据。

表 2.4　货币发行量对企业投资的影响

自变量	因变量：Inv	
	（1）	（2）
截距	-0.043^{***} （−3.919）	-0.046^{***} （−4.928）
CFI	0.110^{***} （114.5）	0.216^{***} （183.8）
MI_{t-1}		0.005^{***} （5.569）

续表

自变量	因变量：Inv	
	（1）	（2）
MI_{t-1} · CFI		−0.183*** （−126.3）
Inv_{t-1}	0.164*** （48.24）	0.164*** （56.33）
$Size_{t-1}$	0.004*** （6.969）	0.004*** （8.205）
Lev_{t-1}	−0.000 4*** （−5.231）	−0.000 4*** （−8.322）
$Cash_{t-1}$	0.058*** （13.38）	0.057*** （15.46）
Adj.R^2	0.264	0.461
N	43 745	43 745

***表示在 0.01 水平上显著（双尾）

注：括号内为 t 统计值

资料来源：黄志忠和谢军（2013）

2.3　宏观货币政策传导的路径依赖

上面我们分析并实证了我国的宏观货币政策是通过利率和信用渠道进行传递的，宏观货币政策的量化宽松能够刺激企业加大投资，企业的融资约束也会得到改善。如图 2.1 所示，如果货币政策是通过利率渠道而不是信用渠道传导的，那么区域银行业的发展对本区域的企业融资约束就不会有缓解作用。本节，我们来研究区域银行业的发展对本地区上市公司融资约束的影响。

如果说企业融资成本受信用渠道传递速度的影响，那么外部融资成本是融资额度、货币发行量和区域金融发展程度的函数，即 $C_{\text{EX}}(\text{EF})=C_{\text{EX}}(\text{EF},\text{FD},\text{MS})$。$\text{EF}=\text{Inv}-\text{CFI}$，其中，FD 表示区域金融发展程度；MS 表示货币发行量。这时，除了 $\partial C_{\text{EX}}/\partial\text{EF}>0$，$\partial C_{\text{EX}}/\partial\text{MS}<0$ 和 $\partial^2 C_{\text{EX}}/(\partial\text{EF}\cdot\partial\text{MS})<0$ 外，$\partial C_{\text{EX}}/\partial\text{FD}<0$，$\partial^2 C_{\text{EX}}/(\partial\text{EF}\cdot\partial\text{FD})<0$。此时，企业的最优投资规模满足均衡条件：

$$\begin{aligned}\frac{\partial\text{NPV}_{\text{Inv}^*}}{\partial\text{Inv}^*}&=R\left(\text{Inv}^*\right)-C_{\text{EX}}\left[\left(\text{Inv}^*-\text{CFI}\right),\text{MS},\text{FD}\right]\\&=F\left(\text{Inv}^*,\text{CFI},\text{MS},\text{FD}\right)=0\end{aligned}\quad(2.13)$$

$$\frac{\mathrm{dInv}^*}{\mathrm{dFD}}=-\frac{\dfrac{\partial F}{\partial \mathrm{FD}}}{\dfrac{\partial F}{\partial \mathrm{Inv}^*}}=-\frac{\dfrac{\partial R\left(\mathrm{Inv}^*\right)}{\partial \mathrm{FD}}-\dfrac{\partial C_{\mathrm{EX}}\left[\left(\mathrm{Inv}^*-\mathrm{CFI}\right),\mathrm{MS},\mathrm{FD}\right]}{\partial \mathrm{FD}}}{\dfrac{\partial R}{\partial \mathrm{Inv}^*}-\dfrac{\partial C_{\mathrm{EX}}\left[\left(\mathrm{Inv}^*-\mathrm{CFI}\right),\mathrm{MS},\mathrm{FD}\right]}{\partial\left(\mathrm{Inv}^*-\mathrm{CFI}\right)}} \tag{2.14}$$

由于存在区域经济规模效应，通常 $\partial R\left(\mathrm{Inv}^*\right)/\partial \mathrm{FD}>0$ ，因而式（2.14）右边式的分子为正。加上投资收益的边际递减假设 $\partial R/\partial \mathrm{Inv}^*<0$ ，以及融资成本的边际递增假设 $\partial C_{\mathrm{EX}}(\mathrm{EF})/\partial \mathrm{EF}>0$（其中 $\mathrm{EF}=\mathrm{Inv}-\mathrm{CFI}$ ），有

$$\frac{\mathrm{dInv}^*}{\mathrm{dFD}}>0 \tag{2.15}$$

即区域金融越是发达，企业的投资水平越高。

对式（2.6）再求 FD 的偏导数，得

$$\frac{\partial\left(\dfrac{\mathrm{dInv}^*}{\mathrm{dCFI}}\right)}{\partial \mathrm{FD}}=-\frac{1}{\left[R'\left(\mathrm{Inv}^*\right)-C'_{Ex}\left(\mathrm{Inv}^*-\mathrm{CFI}\right)\right]^2}\frac{\partial^2 C_{\mathrm{EX}}\left(\mathrm{Inv}^*-\mathrm{CFI},\mathrm{MS},\mathrm{FD}\right)}{\partial\left(\mathrm{Inv}^*-\mathrm{CFI}\right)\partial \mathrm{FD}}\frac{\partial R}{\partial \mathrm{Inv}^*} \tag{2.16}$$

因 $\partial R/\partial \mathrm{Inv}^*<0$ ， $\dfrac{\partial^2 C_{\mathrm{EX}}}{\partial \mathrm{EF}\cdot\partial \mathrm{FD}}<0$ ，所以有

$$\frac{\partial\left(\dfrac{\mathrm{dInv}^*}{\mathrm{dCFI}}\right)}{\partial \mathrm{FD}}<0 \tag{2.17}$$

可见，如果货币政策是通过信用渠道传递的，企业投资-现金流敏感度与区域金融发展程度即为负相关关系，即区域金融的发达能够降低企业的最优投资水平对内部现金流的依赖程度。

为了检验这一假设，我们同样运用 2.2 节的样本，对以下模型进行回归检验：

$$\begin{aligned}\mathrm{Inv}_{it}=&\alpha+\alpha_1\mathrm{MS}_{t-1}+\alpha_2\mathrm{FD}_{it}+\beta\mathrm{CFI}_{it}+\beta_1\mathrm{MS}_t\bullet\mathrm{CFI}_{it}+\beta_2\mathrm{FD}_{it}\bullet\mathrm{CFI}_{it}\\&+\beta_3\mathrm{FD}_{it}\bullet\mathrm{MS}_{t-1}\bullet\mathrm{CFI}_{it}+\phi\mathrm{Inv}_{i,t-1}+\sum\gamma_j\mathrm{Control}_{i,t-1}^j+\varsigma_{it}\end{aligned} \tag{2.18}$$

表 2.5 是模型（2.18）的回归结果。回归结果（1）只考虑区域金融发展的影响，而不考虑货币政策的影响时，FD 的系数显著为正，$\mathrm{FD}_{it}\bullet\mathrm{CFI}$ 的系数显著为负，这与上文的模型结果式（2.15）和式（2.17）是一致的。若考虑了货币政策的影响，即模型（2.18）的回归结果为表 2.5 的回归结果（2），结果没有大的变化，而 $\mathrm{FD}_{it}\bullet\mathrm{MS}_{t-1}\bullet\mathrm{CFI}_{it}$ 的系数显著为负，表明货币政策与区域金融发展联合起来对企业的投资-现金流敏感性具有减缓作用，或者说，相比区域金融业欠发达的地区，在区域金融较发达的地区，宽松的货币政策对企业融资约束的缓解作用更大，这个结果支持了货币政策的信用传导路径假说，或者说，货币政策的传导

具有银行业的路径依赖。当然，剔除区域金融发展因素之后，货币发行量环比的提高，依然对企业的融资约束有很大的缓解效应，因为 MS_{t-1} · CFI 的系数显著为负。这个结果表明货币政策的利率传导渠道是畅通的。

表 2.5　宏观货币政策、区域金融发展对企业融资约束的影响

自变量	变量名称	因变量：企业投资总支出（Inv）	
		（1）	（2）
截距		−0.033** （−3.075）	−0.038*** （−4.061）
CFI	经营现金流量	0.322*** （34.00）	0.435*** （53.43）
MS_{t-1}	货币发行量环比		0.004*** （4.642）
MS_{t-1} · CFI	二项交叉乘		−0.171*** （−98.97）
FD	区域金融发展指数	0.006*** （4.905）	0.006*** （5.871）
FD · CFI	二项交叉乘	−0.214*** （−22.47）	−0.220*** （−27.04）
FD_{it} · MS_{t-1} · CFI_{it}	三项交叉乘		−0.027*** （−12.65）
Inv_{t-1}	上季度投资水平	0.163*** （48.28）	0.163*** （56.73）
$Size_{t-1}$	上季度规模	0.003*** （5.577）	0.003*** （6.761）
LEV_{t-1}	上季度负债比率	−0.000 4*** （−5.377）	−0.001*** （−7.949）
$Cash_{t-1}$	上季度现金持有量	0.059*** （13.50）	0.058*** （15.75）
Adj.R^2		0.273	0.472
N		43 745	43 745

、*分别表示在 0.05、0.01 水平上显著（双尾）

注：括号内为 t 统计值

第 3 章　宏观货币政策传导的股市渗漏和房市渗漏分析

从图 2.1 来看，货币的宽松政策不仅增加了货币的流动性，也会带来利率的下降，而利率的下降又会导致资产（如股票、债券等金融资产）价格的上涨。资产价格的上涨会导致企业的总资产额上升，进而使企业可抵押的资产价值上升，企业也就可以从银行获得更多的抵押贷款，这就是所谓的货币政策传导的资产负债表渠道。

然而，当富有流动性的货币供应从央行流向银行，再从银行流向股票市场后，货币从股票市场流向企业的渠道是被行政阻滞的。股票价格的提升虽然提高了企业可抵押资产的金额，但货币从银行流向股市之后，这部分的货币却沉积在了股市这个“堰塞湖”中，造成了货币资金的沉淀。

2015 年 5 月 28 日股票市场到达一轮牛市的峰顶，《人民日报》发表文章指出，金融业过度发展会导致资产泡沫积累，最终使市场估值升至实体经济无法支撑的水平。而资产价格泡沫的破灭通常导致旷日持久的金融危机与经济危机。另外，如果金融业的发展明显脱离实体经济，其融资功能将被明显削弱，这将导致大量流动性货币在金融系统内空转，而实体经济融资成本却居高不下，有时甚至出现大量企业“在流动性海洋中被渴死”的结局。问题是，《人民日报》文章的观点是否成立值得检验。

在经济学领域，股市与经济增长的关系也被大量地研究。在早期，学者倾向于认为金融市场促进经济的增长。例如，熊彼特（Schumpeter，1934）认为经济增长是资源的最新整合或创新的结果。他强调，金融市场通过识别创新性企业并对其加以支持以促进新产品和新工艺的开发，以及新市场的开拓，从而促进经济的增长。凯恩斯主义经济学认为，经济是由投资拉动的，金融市场不发达会限制企业的投资和企业的增长，从而限制经济的增长。股市作为金融市场的一个重要的组成部分，它自然会对经济增长产生重大的影响（Levin and Zervos，1998）。然而，也有学者指出，股票市场过高的流动性如果是由注重短期利益的投机者所创造，企业的长期增长会受到损害。在发展中的市场里，这很可能是个重大问题，并对整个国家的发展产生负面的影响（Singh，1999）。这些文献所讨论的是股市的发展，或者股市的流动性，较少关注股票价格的上涨对经济增长的影响。只有少数的文献关注了这个问题。Chirinko 和 Schaller（2001）以日本的股市和上市公司为样本，他们预期，由于较高的股票价格能够给公司提供便宜的潜在融资资源，公司会做出发行新股的反应。研究结果支持以上的预期：在 20 世纪 80 年代后期当日本股价开始上涨并在 1989 年达到顶峰时，权益的发行稳步上升并于 1989 年达到平常权益发行量两倍的顶峰。与此相应，在 1987~1989 年泡沫成长期间，泡沫提高企业的固定资产投资 6~9 个百分点。Goyal 和 Yamada（2004）也得出类似的结论。Gilchrist 等（2005）则以 1986~2000 年美国的股市和上市公司为样本研究了股市泡沫对企业投资的影响，研究发现投资者信念的分歧和做空限制会导致股市泡沫，而上市公司则乘机高价发行新股来盘剥（exploit）泡沫，这降低了（权益）资本成本并增加了实体投资。Chirinko 和 Schaller（2011）用 1980~2004 年美国上市公司为样本，研究发现不仅具有较好投资机会的公司会得益于股价泡沫而增加投资，具有较差投资机会的公司同样能够获得低成本的融资从而产生过度投资，这一结果与标准的股市能有效配置资本到最佳用途的假设相违背。

另外，股市泡沫是否影响货币的流动性，从而对企业的融资产生约束？Goyal 和 Yamada（2004）以日本的股市和上市公司为对象研究了 20 世纪 80 年代末日本股市和房市泡沫膨胀及破灭期间，企业投资对现金流敏感性的变化。结果发现，在资产泡沫膨胀的 1987~1989 年，投资对现金流的敏感性较低，即企业外部融资成本较低。在资产价格泡沫破灭期间，依赖银行信贷的公司面临严重的抵押品侵蚀而展现出较高的现金流敏感性。他们认为在资产泡沫成长与破灭期间投资对现金流敏感性的变化主要受货币政策的影响。

以上研究都是建立在公司能够无限制地通过发行新股冲击股价泡沫基础上的。而中国的上市公司要靠发行新股去盘剥泡沫几乎是不可能的，因为发行新股需要中国证券监督管理委员会的审核与批准，这不但需要时间，而且成功概率不高。

以史为鉴。在 1996 年初至 1997 年 5 月泡沫膨胀、破灭、再膨胀的过程中，中国人民银行实施了三次大的降息，一年期贷款利率从 1995 年的 12.06%降至 1997 年底的 8.64%，降息幅度不可谓不大。但是，效果如何呢？国家统计局的《'97 中国发展报告》对货币流动性作如此描述："……全国共增加工业流动资金 2 423 亿元。但由于边投入边沉淀，造成宏观上资金供应量不少，而微观上资金十分短缺的矛盾现象。"（国家统计局，1997）股市泡沫不仅造成货币的流动性紧张，还因为吸引了大量的储蓄存款进入证券市场而降低居民的消费，进而造成物价下跌致使工业企业利润下降。《'97 中国发展报告》指出，"虽然 1996 年政府降息使得企业利息少支出 1 000 多亿元，但国有和国家控股企业实现的利润总额却比上年下降了 33%，亏损额上升 19.5%”。《’98 中国发展报告》也披露，1998 年央行为了给国有企业减赋，进行了三次降息（国家统计局，1998）。但“国有企业的效益非但没有提高，反而出现滑坡，国有和国家控股的企业实现利润总额又比上年下降 38.3%，亏损额比上年上升 21.9%”。

为了研究股票价格对货币流动性的影响，我们引入 Blanchard 和 Watson（1982）的理性泡沫模型：

$$B_t=\begin{cases}\pi^{-1}\left(1+r_E\right)B_{t-1}+\mu_t, & \text{以概率}\pi\\ \mu_t, & \text{以概率}1-\pi\end{cases} \tag{3.1}$$

即泡沫可能以 π 的概率以 $1+r_E$ 的速度膨胀，也可能在下一期以 $1-\pi$ 的概率破灭。当泡沫存续的概率比较低时，投机者会要求一个比较高的风险补偿。或者说，泡沫持续的概率越大，泡沫膨胀的速度越慢；反之，泡沫持续的概率越小，泡沫的膨胀速度越快。投机者购买价格被高估的股票目的在于获取高于正常收益率的投资收益。当政府宏观政策释放的信号被市场解读成新一轮的股市刺激时，泡沫不仅会产生，而且会以接近 100%的概率持续膨胀。为方便推理，我们假定在泡沫膨胀的初期模型（3.1）中的概率 π 为 100%，即 $B_t=\left(1+r_E\right)B_{t-1}+\mu_t$［$\mu_t$ 为意外事件的影响，满足 $E_t\left(\mu_t\right)=0$］。

然而，泡沫不会无缘无故地成长，它需要投机者的信念和资金的营养。现在我们假定在一个封闭的市场中有两个参与者：股票的潜在购买者——投机者（代表散户）和上市公司大股东（代表机构投资者）。假定两个参与者的财富分别为 w_1 和 w_2。市场中有两个证券，一个是风险资产即能产生泡沫的股票，另一个是无风险资产如现金或债券，并假设其价值为 1。两个参与者的财富在两种资产上的分配为 $\left(x_{11},x_{12}\right)$ 和 $\left(x_{21},x_{22}\right)$，且有 $x_{i1}+x_{i2}=w_i\ (i=1,2)$。两位市场参与者持有的无风险资产不管是现金，或者是债券，它们都会形成流通中的货币，即在一个封闭的经济体中，$x_{12}+x_{22}$ 代表着货币流动性水平。而图 3.1 中的牛市阶段和熊市阶段中投机者为购买能产生泡沫的股票所支付的 x_{11} 可视为短期性投资，大股东用于冲击泡沫的新增投资 $h\left(h<x_{21}\right)$ 也可视为短期投资，它们通常会沉没在股票二级市场中，不参与到固定资产投资或者消费中去，除非 x_{11} 和 x_{21} 在一级市场中形成，这时它们会被上市公司所吸收而形成上市公司的资产。在这里，我们只讨论二级市场中的泡沫问题。为方便起见，我们假定大股东在泡沫产生之前就持有 $h_0\left(h_0F=x_{21}-h\right)$（F 为 t=0 时点的每股价格）股的股票，投机者所进行的股票投资 x_{11} 和大股东新增的股票投资 h 都是在股票二级市场中形成的。

两位参与者都将投资分成两个阶段：泡沫产生和成长阶段 $(t=1)$、泡沫破灭阶段 $(t=2)$。在阶段 1 的开始，泡沫还未产生，股票以其基本价值 F 在交易。据以

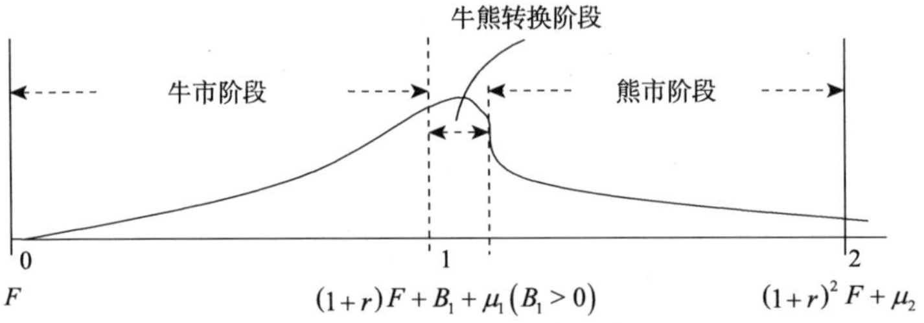

图 3.1 市场参与者对股价的共同预期

宏观事件所传递的信号，两位参与者都相信在第 1 阶段的末期股票会以$(1+r)F+B_1+\mu$（μ为不确定因素，$B_1>0$）的价格在交易。在第 2 阶段，泡沫破灭，股票价格将回归至价值位$(1+r)^2F$附近。但泡沫在第 2 阶段中何时破灭并不确定，我们把这一不确定的时间独立出来，称其为牛熊转换阶段。事件分布如图 3.1 所示。

3.1 股价泡沫膨胀、投资者策略与货币流动性

1. 投机者策略

不失一般性，假定$\mu_1\in N(0,\sigma_1^2)$，$\mu_2\in N(0,\sigma_2^2)$。假定现金和债券的货币时间价值为r_f，则在第 1 阶段末，投机者持有股票x_{11}和无风险资产x_{12}的财富效用为

$$U_1=x_{11}'(rF+B_1)+x_{12}r_f-\frac{\lambda_1}{2}x_{11}'F\left(\frac{x_{11}'F}{w_1}\right)^2\sigma_1^2 \tag{3.2}$$

其中，$x_{11}'F=x_{11}$，$x_{11}+x_{12}=w_1$，λ_1为投机者的风险厌恶系数。投机者的最优策略是使式（3.2）一阶导数等于 0 的解，即

$$x_{11}'^{*}=\sqrt{\frac{2\left[B_1+\left(r-r_f\right)F\right]}{3\lambda_1F\sigma_1^2}}\bullet\frac{w_1}{F}，\quad x_{12}^{*}=w_1\left\{1-\sqrt{\frac{2\left[B_1+\left(r-r_f\right)F\right]}{3\lambda_1F\sigma_1^2}}\right\} \tag{3.3}$$

通常，投资者要求的收益大于无风险利率，即$r>r_f$，从而$x_{11}'^{*}>0$，而x_{12}^{*}可能大于零，也可能小于零。如果投机者是风险中性的，即$\lambda_1=0$，那么投机者最优的购买数量$x_{11}'^{*}>0$将会是无穷大，这时$x_{12}^{*}<0$。当$x_{12}^{*}<0$时，意味着投机者持有现金或债券等无风险资产的数量为负，即投机者借入资金用于投机泡沫股票。

式（3.3）的结果表明，泡沫 B_1 与基本价值 F 的比越大，即投机者预期在第 1 阶段泡沫膨胀的速度越快，他将财富投入股票的比例也就越高。如果政府降息使 r_f 很低，这也会刺激投机者去购买更多的泡沫股票。可见，宽松的货币政策确实会催生泡沫。投机者的以上最优策略是否成立，还要看大股东的策略：如果大股东采取套利即减持股票的策略，投机者的最优策略可能不能达成；如果大股东采取观望或同投机者一样采取追逐泡沫的策略，投机者的最优策略能够成立。

2. 持有限售股大股东的策略

大股东知道股票的真实价值。当市场出现泡沫时，大股东可以选择增持、减持或者不进行操作。如果公司上市时间不超过一年，大股东所持有的股份不能在市场上交易，即大股东不能选择减持股份。一些公司的国有大股东也会受到政府部门的干预而不能择时出售被高估的股票。在第 1 阶段末，持有 x_{21} 股限售股的大股东预期财富效用由式（3.4）表达（ λ_2 为大股东的风险厌恶系数）：

$$U_2 = x'_{21} rF + \left(x'_{21} - h_0\right) B_1 + x_{22} r_f - \frac{\lambda_2}{2} x'_{21} F \left(\frac{x'^2_{21} F}{w_2}\right)^2 \sigma_1^2 \tag{3.4}$$

其中， $x'_{21} F = x_{21}$ 且 $x'_{21} \geqslant h_0$ ， $x_{21} + x_{22} = w_2$ ， h_0 为大股东在期初持有的限售股数量。对式（3.4）求偏导数并令其等于 0，得

$$\frac{\partial U_2}{\partial x'_{21}} = rF + B_1 - r_f F - \frac{3\lambda_2 x'^2_{21} F^3 \sigma_1^2}{2 w_2^3} = 0$$

求以上方程解，可得持有限售股大股东的最优持股水平为

$$\begin{aligned} x'^*_{21} &= \sqrt{\frac{2\left[B_1 + \left(r - r_f\right)F\right]}{3\lambda_2 F \sigma_1^2}} \cdot \frac{w_1}{F} \text{ 且 } x'^*_{21} \geqslant h_0 \\ x^*_{22} &= w_2 \left\{1 - \sqrt{\frac{2\left[B_1 + \left(r - r_f\right)F\right]}{3\lambda_2 F \sigma_1^2}}\right\} \end{aligned} \tag{3.5}$$

可见，持有限售股大股东的最优策略与投机者的最优策略是一致的，都是随着泡沫的膨胀而持有更多自己公司的股份，这会持续地推动股价上涨，使泡沫持续膨胀。

在第 1 阶段末，经济体中的流动性水平为

$$\text{LIQ} = \left(w_1 + w_2\right) - \sqrt{\frac{2}{3}\left(B_1/F + r - r_f\right)} \times \left(\frac{w_1}{\sqrt{\lambda_1}\sigma_1} + \frac{w_2}{\sqrt{\lambda_2}\sigma_1}\right) \tag{3.6}$$

显然，LIQ 随着 B_1 的增大而减小。结合式（3.3）和式（3.5），我们得出推

论 3.1。

推论 3.1　当牛市期间上市公司大股东原先持有的股权被限售时，随着股票泡沫的膨胀，投机者和公司大股东都会采取追逐泡沫的策略而增购股票，这会进一步加速泡沫的膨胀；随着股票泡沫的膨胀，实体经济中的流动性水平 LIQ 同步下降。

3. 股权不被限售时大股东的策略

假设：①大股东对其所持有股份的处置能力不受限制。②在期初无泡沫时，大股东持股比例处于最优水平。③在股票价格反映基本价值时，大股东不想改变其持股比例。④在图 3.1 中的第 1 阶段，大股东与投机者具有一样的预期：泡沫会膨胀至 B_1 水平；泡沫会在第 2 阶段破灭，但具体破灭时间并不清楚，即泡沫膨胀至 $B_2\left(B_2 > B_1\right)$ 的概率为 π_2。

大股东可以选择以下几个策略。

策略 1：在第 1 阶段末减持股份 $x(x < h_0)$ 股，等泡沫破灭以后在第 2 阶段末买回减持的股份。由于泡沫将在第 1 阶段内持续膨胀是确定的事件，根据择时假说，大股东不会选择在泡沫膨胀到 B_1 之前就减持股份。

策略 2：大股东也可以选择在泡沫膨胀得更大［如 $B\left(B > B_1 \text{且} B \leqslant B_2\right)$］时再减持股份 x 股，并在第 2 阶段末购回减持的股份。

策略 3：在泡沫膨胀初期增持股份 x 股，在泡沫膨胀至 B_1 或更大时将增持的或更多的股份出售，在第 2 阶段末购回多卖的股份。

在策略 1 下，大股东未来财富的现值为

$$\begin{aligned}\mathrm{PV}w_{21} &= \frac{x\left(1+r\right)F + xB_1 + h_0\mu_1}{1+r} + \frac{\left(h_0 - x\right)\left(1+r\right)^2 F + \left(h_0 - x\right)\mu_2}{\left(1+r\right)^2} \\ &= h_0 F + \frac{xB_1}{1+r} + \frac{h_0\mu_1}{1+r} + \frac{\left(h_0 - x\right)\mu_2}{\left(1+r\right)^2}\end{aligned} \tag{3.7}$$

在策略 2 下，假设 $t=0$ 时至大股东出售 x 股期间的要求收益率为 r'，则未来财富的现值为

$$\begin{aligned}\mathrm{PV}w_{22} &= \frac{x\left(1+r'\right)F + x\pi B}{1+r'} + \frac{h_0\mu_1}{1+r} + \frac{\left(h_0 - x\right)\left(1+r\right)^2 F + \left(h_0 - x\right)\mu_2}{\left(1+r\right)^2} \\ &= h_0 F + \frac{x\pi B}{1+r'} + \frac{h_0\mu_1}{1+r} + \frac{\left(h_0 - x\right)\mu_2}{\left(1+r\right)^2}\end{aligned} \tag{3.8}$$

$$\mathrm{PV}w_{22} - \mathrm{PV}w_{21} = \frac{xB_1}{1+r} - \frac{x\pi B}{1+r'}$$

如果在第 2 阶段初期（即牛熊转换阶段）泡沫按照 Blanchard 和 Watson（1982）理性泡沫模型（3.1）的方式膨胀，即

$$B=\pi^{-1}\left(1+r''\right)B_1$$

其中，r'' 满足 $\left(1+r\right)\left(1+r''\right)=1+r'$。那么

$$\mathrm{PV}w_{22}-\mathrm{PV}w_{21}=\frac{xB_1}{1+r}-\frac{x\left(1+r''\right)B_1}{\left(1+r\right)\left(1+r''\right)}=0$$

即策略 2 与策略 1 无差别。

在策略 3 下，根据以上的分析，大股东选择在第 1 阶段末出售股份与选择泡沫膨胀到更大时出售股份没有差异。因此，以下只考虑大股东在第 1 阶段末出售股份的情景。假设在第 1 阶段初通过举债购入的股票数为 h，使在第 1 阶段末出售的股份数达到 $h+x$（x 与策略 1 相同）。由于债务的终值折现后等于现值，因此，大股东未来财富的现值为

$$\begin{aligned}\mathrm{PV}w_{23}&=\frac{\left(h+x\right)\left(1+r\right)F+\left(h+x\right)B_1+\left(h_0+h\right)\mu_1}{1+r}\\&\quad+\frac{\left(h_0-x\right)\left(1+r\right)^2F+\left(h_0-x\right)\mu_2}{\left(1+r\right)^2}-hF\\&=h_0F+\frac{\left(h+x\right)B_1}{1+r}+\frac{\left(h_0+h\right)\mu_1}{1+r}+\frac{\left(h_0-x\right)\mu_2}{\left(1+r\right)^2}\end{aligned}\tag{3.9}$$

$$\mathrm{PV}w_{23}-\mathrm{PV}w_{21}=\frac{h\left(B_1+\mu_1\right)}{1+r}$$

因此，策略 3 与策略 1 相比，能够多获得与泡沫相关的 h 份财富增值，同时也多承担 h 份公司特定的风险。如果风险是可以承受的，那么策略 3 明显要好于策略 1。也就是说，对于套利不受限制的大股东而言，在预期泡沫要持续膨胀至 B_1 的条件下，大股东的最优策略是在第 1 阶段前期增购股票，然后在第 1 阶段末大幅度减持，超额减持的部分在第 2 阶段末购回。大股东在第 1 阶段初购入的最优股数 h 由函数（3.9）的效用最大化决定。假定减持的幅度 x 与 h 无关，则最优购入量由式（3.10）决定：

$$\max\left\{\left(h+x\right)B_1+\left(h_0+h\right)rF-\frac{\lambda_2}{2}\left(h_0+h\right)F\left[\frac{\left(h_0+h\right)F}{w_2}\right]^2\sigma_1^2+\left[w_2-\left(h_0+h\right)F\right]r_f\right\}$$

可求得最优购入量为

$$h^*=\sqrt{\frac{2\left[B_1+\left(r-r_f\right)F\right]}{3\lambda_2F\sigma_1^2}}\bullet\frac{w_2}{F}-h_0\tag{3.10}$$

显然，大股东在第 1 阶段购入股票的量与泡沫水平 B_1 正相关，泡沫越大，大

股东增持的意愿越强。由于在第 1 阶段大股东不会对泡沫进行套利，投机者的最优投机策略 3 是可行的。又由于 $x_{21}^{*}=\left(h_0+h^{*}\right)F$，故

$$x_{22}^{*}=w_2-x_{21}^{*}=w_2\left\{1-\sqrt{\frac{2\left[B_1+\left(r-r_f\right)F\right]}{2\lambda_2 F\sigma_1^2}}\right\} \tag{3.11}$$

在以上最优策略 3 和式（3.10）的条件下，包括大股东和投机者在内的市场参与者持有现金及债券等无风险资产的总量即经济体内货币总流动性水平为

$$\mathrm{LIQ}=\left(w_1+w_2\right)-\sqrt{\frac{2}{3}\left(B_1/F+r-r_f\right)}\times\left(\frac{w_1}{\sqrt{\lambda_1}\sigma_1}+\frac{w_2}{\sqrt{\lambda_2}\sigma_1}\right) \tag{3.12}$$

可见，大股东追逐泡沫股票必然会导致其所持有无风险资产的比重下降，进而导致实体经济中货币的流动性水平下降。因而，我们得出推论 3.2。

推论 3.2 当牛市期间上市公司大股东持有的股权可自由流通时，随着股票泡沫的膨胀，投机者和公司大股东都会采取追逐泡沫的策略而增购股票，这会进一步加速泡沫的膨胀；随着股票泡沫的膨胀，实体经济中的流动性水平 LIQ 同步下降。

3.2 股价泡沫破灭、投资者策略与货币流动性

泡沫在第 1 阶段成长到 B_1 之后将在第 2 阶段破灭。在第 1 阶段中，不管是投机者还是上市公司大股东都会为了最大化投资收益而追逐泡沫，但大股东非常清楚公司股票的价值位和泡沫膨胀的程度。泡沫膨胀导致了货币流动性的紧张，而且泡沫一旦破灭就会给那些后入市的投机者造成重大的损失。根据上文的讨论，这些投机者在追逐泡沫时很可能会诉诸银行信贷来实现其财富的最大化。结果，泡沫破灭之后那些财富大幅缩水的债务人很可能会因还不起贷款而违约。大量的借款人违约会给银行造成危机。政府为了降低银行的风险，要么进一步宽松货币政策，要么收紧银行的信贷额度。前者会让泡沫继续膨胀，流动性进一步紧张，风险得到进一步的积累。后者虽然能够抑制泡沫的进一步膨胀，却降低了投机者的未来期望收益，促使其做出出售泡沫股票的决策。当大量的投机者选择出售泡沫股票时，泡沫就会破灭。因此，在图 3.1 所示的第 2 阶段中，持有股票的风险越来越大。大股东因持有股票的份额大，股价下跌给其造成的损失也大，因此，大

股东往往比投机者更加厌恶风险①。式（3.7）和式（3.8）的结果表明，厌恶风险的大股东选择在第 1 阶段末出售泡沫股票与选择在第 2 阶段中泡沫更大时再出售股票，在效用上是没有差异的。由于对泡沫何时破灭不能确定，为了免遭损失，大股东自然会选择尽早出售泡沫股票。

不管大股东在第 1 阶段初持有的股份能否自由交易，大股东在第 1 阶段的策略是一样的：购入含有泡沫并将继续膨胀的股票。大股东在第 2 阶段的策略会是怎样的？下面我们就大股东股权交易不受限制的一般性情形进行讨论。

根据式（3.10），大股东选择在第 1 阶段增持 h^* 股上市公司股票，在第 2 阶段初出售 x 股，并在第 2 阶段末购回股票至初始持有数量 h_0 股。在该策略下，大股东在第 2 阶段预期财富增值：

$$\begin{aligned} E(\Delta w_2) &= (h_0 + h - x)(1+r)^2 F + \left[(1+r)F + B_1\right]x \\ &\quad - \left[(1+r)F + B_1\right](h_0 + h) \end{aligned} \tag{3.13}$$

对式（3.13）求 x 的偏导数，得

$$\frac{\partial E(\Delta w_2)}{\partial x} = B_1 - (1+r)rF$$

即当泡沫 B_1 足够大，大到超过第 1 阶段末股票价值滋生的利息时，大股东的最优策略是出售尽量多的股份，如出售全部的 $h_0 + h^*$ 股。假定大股东在第 1 阶段按期间的均价买进 h^* 股，以 $(1+r)F + B_1$ 的价格出售 $h_0 + h^*$ 股，则大股东在图 3.1 的两个阶段中的财富预期增加：

$$\begin{aligned} E\Delta w_2 \big| h^* &= \left[(1+r)F + B_1\right](h_0 + h^*) - \left\{F + \left[(1+r)F + B_1\right]\right\} \div 2h^* - Fh_0 \\ &= (rF + B_1)(h_0 + 1/2\, h^*) \end{aligned}$$

如果大股东在图 3.1 的整个期间不作为，那么在第 2 阶段末他的财富预期增加 $(2r + r^2)Fh_0$。因此，大股东所采取的式（3.10）的策略能够多赚取：

$$\left[B_1 - (1+r)rF\right]h_0 + 1/2(rF + B_1)h^*$$

多赚的部分是由投机者在第 2 阶段仍然追逐泡沫所产生的损失。也就是说，

① 财富与风险态度的关系在经济学文献中被讨论得比较多。从消费不可分割理论（Kwang，1965）来看，穷人更偏好风险，因为穷人要买 iPhone X 需要赚够钱才能买得到。如何快速赚到钱？牛市显然是个很好的赚钱机会，穷人是不应该错过的。当股价泡沫膨胀到高点时，还没赚够买 iPhone X 的钱怎么办？肯定要继续“赌”一把。对于要买房的不富裕的人同样如此，而富人就不受不可分割消费的影响。经验方面，Brunnermeier 和 Nagel（2008）提供了财富与风险偏好负相关关系的证据，Weber 和 Hsee（1999）则从文化的角度解释了不同投资者的风险偏好异质性，他们认为，中国人受集体主义文化的影响，比较偏好冒风险，因为如果他投资失败，有亲朋好友救济他让他渡过难关。按照他们的逻辑，机构投资者如果投资失败损失惨重，没有人能够救济他，只能由他自己承受。因此，机构投资者会比个人投资者更加厌恶风险。

忽略税收因素的影响，在第 2 阶段泡沫破灭导致了投机者有$\left[B_1-(1+r)rF\right]h_0+1/2\left(rF+B_1\right)h^*$的财富向大股东转移。而随着大股东出售股份，原先产生泡沫的货币流动性损失将随着泡沫的破灭而有所恢复，但仍然会损失$\left[(1+r)^2-1\right]w$的流动性，即期初股票总市值$w(=w_1+w_2)$的货币时间价值。因此，我们得到推论 3.3。

推论 3.3　在泡沫膨胀到一定程度，大股东会利用其信息优势通过出售股票对泡沫进行冲击，导致泡沫破灭。随着股票泡沫的破灭，投机者遭受损失，财富从投机者向大股东转移。同时，货币流动性随着股市泡沫的破灭而有所恢复，但流动性仍然会有部分损失。

虽然在股市泡沫破灭之后，大部分货币流动性得以恢复，但由于储户投资者遭受较大的损失，他们对未来经济存在悲观情绪，进而减少消费。而上市公司的大股东因为从泡沫的追击中获利，拥有更多的资金可用于投资。结果，一方面是消费疲软，另一方面是投资意愿高昂，造成供求失衡，物价下跌。物价下跌反过来挫伤企业的投资积极性，从而造成经济增速减缓，甚至带来经济危机。Aliber 和 Solomon（1993）就宣称泡沫的破灭是日本经济长期萧条的罪魁祸首。

3.3　股市的货币政策渗漏效应的实证证据

为了检验股市的货币政策渗漏效应，我们收集了自 2005 年第 1 季度至 2015 年第 4 季度的货币供应量 M1、货币发行量、上证综合指数季度收益和大股东季度增减持量等数据。货币供应量和货币发行量数据来源于中国人民银行网站，上证综合指数和大股东增减持数据来源于万得（Wind）数据库。

如图 3.2 所示，我们根据行情将股市分成四个阶段：牛市阶段、牛熊转换阶段、熊市阶段和平稳阶段。我们将股票指数持续增长的期间定义为牛市阶段，如 2006 年第 1 季度至 2007 年第 1 季度，2009 年第 1 季度至 2009 年第 4 季度这两个区间被界定为牛市阶段。从牛市末段股票指数出现大跌起至指数持续下跌开始前的期间定义为牛熊转换阶段，如 2007 年第 2 季度至 2007 年第 4 季度，以及 2010 年第 1 季度至 2011 年第 1 季度。股票指数持续下跌的期间定义为熊市阶段，如 2008 年第 1 季度至 2008 年第 4 季度，以及 2011 年第 2 季度至 2011 年第 4 季度。其余的时间被界定为平稳阶段。

在宏观经济学中货币流动性一般用狭义货币 M1 度量，也有用广义货币 M2 度量。我国 M2 的构成自 2011 年 10 月发生了改变。为了保持观察窗口内货币流动性度量的一致性，本节选择 M1 为货币流动性的度量。然而，股市影响货币流动性主要是因为在牛市阶段出现的储蓄搬家现象，即货币资金从居民的银行账户向

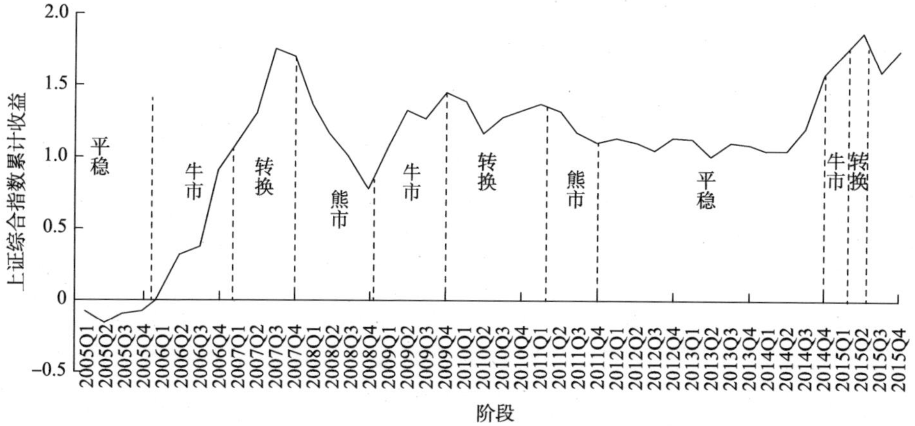

图 3.2　股市行情四阶段划分示意图

证券账户转移的现象。同时，股市的波动也会影响政府的货币政策。就如前文所描述的，当股市的火爆导致货币流动性紧张时，央行可能会通过降低利率、降低存款准备金率、赎回国债甚至直接发行货币来补充流动性。降低利率和降低存款准备金率对货币流动性的影响是间接的。国债赎回和发行货币则直接增加流通中的货币，从而提高 M1。为了消除货币流动性的这类内生性的反向影响，我们将其从 M1 中扣除。另外，相同的 M1 与不同的社会总产量相匹配会产生不同的流动性缺口。为了更准确地度量一个经济体所面临的货币流动性问题，本节的货币流动性的一种定义是：MLQ1=M1 发行货币−本季 GDP 增量。牛市会造成储蓄向金融机构存款转移。金融机构的这类存款也包含在 M1 中，这就高估了货币的流动性。另外，机关事业单位的存款通常也不受股市的影响。为了更好地描述储蓄搬家对货币流动性的影响，本节的第二个货币流动性的定义为：MLQ2=城乡活期储蓄+流通中现金−发行货币−本季 GDP 增量。在股市的不同阶段，货币流动性和上证综合指数的收益如表 3.1 所示。在牛市阶段，货币流动性指标 MLQ1 和 MLQ2 均显著低于其他三个阶段。受股市影响较大的 MLQ2 在股市平稳阶段最高，在牛市阶段随着储蓄存款搬家而大幅度下降，在牛熊转换阶段和熊市阶段逐步回归，但最终会有大约 1/3 的损失。因此，MLQ2 指标与前文模型推导的结果极为吻合。

表 3.1　股市不同阶段中的货币流动性

指标	定义	指标均值			
		牛市阶段	牛熊转换阶段	熊市阶段	平稳阶段
MLQ1	=M1−发行货币−本季 GDP 增量（万亿元）	11.993	16.705	15.687	19.929
MLQ2	=城乡活期储蓄+流通中现金−发行货币−本季 GDP 增量（万亿元）	6.908	9.916	10.781	15.048

续表

指标	定义	指标均值			
		牛市阶段	牛熊转换阶段	熊市阶段	平稳阶段
R_{mt}	$=\frac{P_{mt}-P_{m,t-1}}{P_{m,t-1}}$，$P_{mt}$ 为季度 t 上证综合指数的收盘价	0.265	0.119	−0.149	0.025

表 3.2 则对不同阶段股市收益对货币流动性的影响进行 OLS（ordinary least square，即普通最小二乘法）回归分析。回归的结果表明，在牛市阶段，股指收益与货币流动性显著负相关，表明在牛市阶段，季度股指收益每提高 1%，以 MLQ2 度量的货币流动性平均会损失 1 364 亿元。可见，股市泡沫对货币流动性的影响相当大。在熊市阶段，股价的下跌并没有带来货币流动性的恢复，因为股指收益 R_m 与货币流动性 MLQ1 和 MLQ2 均为正相关但不显著，即股价的下跌（R_m 为负）带来的是流动性的下降而不是上升。在牛熊转换阶段，股指收益与货币流动性的关系为负相关，但不显著，即在牛熊转换阶段，与股价下跌相应的是货币流动性的增加，这意味着货币从证券市场撤出是导致泡沫破灭的原因。但无论如何，股市泡沫带来更多的是货币流动性的紧张，它因此可能影响整个泡沫成长与破灭期间的企业固定资产投资，从而对一个社会的经济发展造成负面的影响。现有的许多文献认为，股市的发展与经济增长正相关，这很可能是在股市平稳发展的条件下才成立的。表 3.2 的回归结果显示，在股市平稳阶段，股市的收益 R_m 与货币流动性显著正相关，而货币流动性是促进消费并拉动企业投资的动力之一，因此，平稳发展的股市具有促进经济增长的功能。

表 3.2　股指收益对货币流动性的回归结果

因变量/自变量	MLQ1	MLQ2
$R_{m(\text{牛市})}$	-14.697^{**} (−2.052)	-13.640^{**} (−2.132)
$R_{m(\text{牛熊转换})}$	−12.299 (−1.174)	−12.102 (−1.294)
$R_{m(\text{熊市})}$	12.305 (0.838)	9.797 (0.747)
$R_{m(\text{平稳期})}$	40.485^{*} (2.017)	37.360^{**} (2.084)
ΔGDP	-0.878^{*} (−1.897)	-0.995^{**} (2.405)
截距	18.038^{***} (13.825)	12.624^{***} (10.832)
Adj.R^2	0.195	0.243
N	38	38

*、**、***分别表示在 0.10、0.05、0.01 水平上显著（双尾）

以下我们选取了 2013 年之前在沪深交易所上市交易的非金融公司为样本，来检验股票市场行情对企业投融资的影响。样本中一些公司已经处于破产或退市的边缘，这些公司面临着可持续经营的问题，它们的投资决策通常不受外部融资环境的影响，自然也不受股市状况的影响，因而需要将它们排除在研究样本之外。本节将本期负债比率 LEV 和上期负债比率 LEV_1 大于 1 或小于 0 的样本予以剔除。最后用于研究的样本量是 52 438 个。

我们首先进行单因素分析（表3.3）。统计结果显示，样本公司在牛市阶段的平均固定资产投资水平为 0.029 7，显著地低于股市处于平稳阶段的平均水平 0.034 7，均值比较的 t 统计值为 10.151，二者在 1%水平上有显著差异。在牛市阶段，样本公司的平均现金持有水平 CASH 是 14.48%，在 1%水平上显著低于股市平稳时期 19.12%的现金持有水平。与现金持有水平相对应的是，公司在牛市阶段的负债比率 LEV 远远高于股市平稳的时期，二者的差异也在 1%水平上显著。可见，在牛市阶段，上市公司在举债方面更加激进，负债比率远高于正常水平，但保留的现金更少。那么，公司融得的资金去了哪儿呢？用于固定资产投资吗？不是的，因为在牛市阶段，样本公司更少进行固定资产投资。因此，公司很可能在牛市阶段将所融得的资金投入股市中去，以期获取更高的短期投资收益。

表 3.3　在股市不同阶段中的企业固定资产投资及财务特征

指标	定义	指标均值			
		牛市阶段	牛熊转换阶段	熊市阶段	平稳阶段
FINV	公司当季购建固定资产、无形资产和其他长期资产支付的现金/季末总资产	0.029 7	0.032 2	0.039 9	0.034 7
CFOA	公司经营活动产生的现金流量净额/季末总资产	0.024 9	0.012 6	0.019 2	0.006 4
CASH	公司当季现金余额/总资产	0.144 8	0.161 7	0.160 3	0.191 2
LEV	公司当季负债总额/总资产	0.874 4	0.756 0	0.849 5	0.485 3
ROA_1	公司上季度净利润/上季末总资产	0.013 8	0.029 3	0.043 2	0.040 9
ESSUE_1	公司上年度权益融资额/上年初所有者权益	0.057 7	0.092 3	0.166 6	0.112 5

进一步的多因素分析结果见表 3.4。回归结果（a）和（b）中，R_m 的系数显著为负，表明企业固定资产投资水平与股票市场收益负相关，即股票价格的上升并没有促进企业增加投资，反而带来企业投资的下降，这可能是因为股票市场的收益率抬高了市场对投资的期望回报率，从而使许多本来可行的投资项目变得不可行。回归结果（b）中，R_m×CFOA 的系数在 1%水平上显著为正，表明股票市场收益越高，企业面临的融资约束越大。反过来，根据新古典经济学理论，企业融资成本越高，面临的融资约束越大。可见，在套利受到极大限制的股票市场中，流动性的提高并不带来企业融资成本的下降，反而由市场参与者和企业对股市泡沫的追逐造成了货币政策的“渗漏”效应，造成流动性紧张，从而加大了企

业固定资产投资的融资成本。

表 3.4　股市泡沫、固定资产投资与融资约束：模型（a）~模型（d）的 OLS 回归结果

变量	FINV			
	（a）	（b）	（c）	（d）
R_m	−0.009 0***	−0.009 3***		
	（−12.43）	（−11.94）		
R_m×CFOA		0.036 6***		
		（5.743）		
Dummy_牛市			−0.001 6***	−0.004 1***
			（−3.848）	（−9.314）
Dummy_牛熊转换			−0.000 8*	−0.000 9**
			（−1.875）	（−2.076）
Dummy_熊市			0.004 0***	0.004 1***
			（9.045）	（9.372）
CFOA×Dummy_牛市				0.073 5***
				（16.99）
CFOA×Dummy_牛熊转换				−0.007 6***
				（−3.327）
CFOA×Dummy_熊市				−0.019 4***
				（−10.97）
CFOA	0.006 2***	0.005 4***	0.006 1***	0.021 3***
	（12.43）	（10.64）	（12.34）	（12.64）
FINV_1	0.551 0***	0.550 9***	0.551 1***	0.548 4***
	（152.5）	（152.5）	（152.6）	（152.7）
Size_1	0.002 1***	0.002 1***	0.002 2***	0.001 9***
	（16.40）	（16.34）	（16.51）	（14.36）
LEV_1	−0.007 4***	−0.007 4***	−0.007 6***	−0.006 9***
	（−9.102）	（−9.044）	（−9.254）	（−8.390）
CASH_1	−0.014 0***	−0.014 1***	−0.013 6***	−0.014 5***
	（−11.08）	（−11.14）	（−10.73）	（−11.48）
ROA_1	0.024 1***	0.024 1***	0.023 5***	0.022 9***
	（13.08）	（13.07）	（12.70）	（12.44）
ESSUE_1	0.003 5***	0.003 5***	0.003 4***	0.003 5***
	（9.194）	（9.185）	（8.811）	（9.267）
截距	−0.025 7***	−0.025 5***	−0.027 4***	−0.021 4***
	（−9.541）	（−9.475）	（−9.929）	（−7.753）
Adj.R^2	0.339	0.340	0.340	0.348
N	52 438	52 438	52 438	52 438

*、**、***分别表示在 0.10、0.05、0.01 水平上显著（双尾）

表 3.4 的回归结果（c）和（d）中，Dummy_牛市的系数显著为负而 Dummy_熊市的系数显著为正，表明在牛市阶段，企业的固定资产投资水平显著地低于熊市和平稳阶段。在回归结果（d）中，CFOA×Dummy_牛市的系数显著为正而 CFOA×Dummy_熊市的系数显著为负，表明在牛市中上市公司面临的融资约束显著地大于熊市和平稳阶段。这个结果同样支持了裴平和熊鹏（2003）所提出的货

币政策的股市渗漏效应，也支持了 2015 年 5 月 28 日《人民日报》所发表文章的观点：如果金融业的发展明显脱离实体经济，其融资功能将被明显削弱，这将导致大量流动性货币在金融系统内空转，而实体经济融资成本却居高不下，有时甚至出现大量企业“在流动性海洋中被渴死”的结局。产生这个结果的原因是企业无法畅通无阻地通过再融资（增发股票）来实施套利，这具有中国特色。

3.4　宏观货币政策传导的房市渗漏分析

自 2003 年起房地产市场被定性为中国支柱行业开始至今，商品房价格已经上涨了 10 倍以上。而且在房地产发展的近十五年中，商品房价格大幅度波动，牵动着无数国民的心，也牵动着企业家的心。Allen 和 Gale（2000）在描述资产价格泡沫时指出，泡沫始于金融的自由化或由央行所做的增加信贷额度的有意决定或者其他的事件。该事件所导致的信贷扩张伴随着房地产和股票价格的上涨。价格的上涨会持续一段时间，可能是数年，其间泡沫膨胀。随后通常在一个较短的时间如几天或者数月内资产价格崩溃。有时候泡沫破灭需要经历较长的时间。可见，房地产市场常常同股市一起被提及，因为它们都容易产生泡沫，而且都与宽松的货币政策有关。那么，我们自然会想到，房地产市场是否同股市一样，会造成货币政策传导渠道的渗漏效应呢?

前面的研究表明，股市对货币政策产生的渗漏效应是因为投资者一致的对泡沫的追逐或搭乘泡沫造成了货币流动性的紧张，表面上货币供应量不小，实际上在流通环节的货币供应量不足，造成了金融机构对实体企业货币供应量的下降，伴随着货币供应量的下降，利率上浮，从而加大了企业对外融资所受的约束，最终对企业的投资行为产生负面影响。

但房地产市场与股市还是有很大的不同。首先，房地产市场存在着所谓的“消费不可分割”原理，即投资者如果资金不够，他就无法购买看涨的商品房，因为他不能只买一套房中的一个房间或者一个卫生间。而股票的话，最低可以买一手 100 股，只需几百元就行了。因此，全民炒房是不现实的。其次，炒股的资金是具有很高的流动性的，高到银行无法将这部分资金转贷出去，因为很多投资者今天买了股票，很可能明天或过几天就把股票卖了赎回现金。因此，炒股的资金往往只能在银行“空转”。而“炒房”就不同了，投资者今天买了房子，近期是不会卖的。因为中国的商品房有预售制度，投资者买了房付了钱，但可能要等上几个月甚至几年才能得到房产。而且制度规定，买入房产不足 5 年又卖出的，需要缴纳成交价的 5%甚至更多的营业税和印花税。因此，短期投资的成本很高。这就使买房者不太会在短期内买进房子后又将其出售，也就是说，炒房者的资金可以进入房地产公司或其他实体经济体内循环，而不至于导致货币流动性的紧张。

但房地产的火爆也会影响企业的投资决策。2016 年许多营业利润为负的高科技企业通过出售房产来弥补亏损最终达成企业总体的盈利。有人调侃，搞创新不如炒房产。在房地产火爆的年度里，房价的涨幅带来的收益扣除贷款利息后投资回报率可以达到 100%以上，成为最暴利的行业。正因为如此，银行对于购房贷款者而言趋之若鹜，而银行也希望更多更快地发放贷款，而房地产公司在收到银行发放的售房款之后将资金存入银行。银行收到房地产公司的售房款之后再次发放贷款，如此循环往复，银行可以借助政府的支柱行业政策加倍地周转信贷资金，这在一定程度上会使一部分的信贷资金在银行账户里空转。从这个角度来看，房地产的火爆也会造成货币流动性的紧张，从而加大非房地产公司的融资难度，使非房地产公司面临更大的融资约束。

除此之外，高企的房地产投资收益也会抬高整个社会的期望投资回报率，这就使有些本来可行的投资项目变得不可行，从而造成投资总量的下降，这不利于非房地产行业的发展。可以预见，火热的房地产市场对未来的经济增长会产生不利的影响。

为了检验房地产热对其他行业投资行为的影响，我们选取了 2006~2013 年在沪深交易所上市的制造业和 IT 业的公司为样本，对模型（3.14）进行回归分析：

$$\text{Inv}_{it} = \alpha + \alpha_1 \text{RE}_{t-1} + \beta \text{CFI}_{it} + \beta_1 \text{RE}_{t-1} \bullet \text{CFI}_{it} + \phi \text{Inv}_{i,t-1} + \sum \gamma_j \text{Control}^j_{i,t-1} + \varsigma_{it} \quad (3.14)$$

式（3.14）中，房地产景气指数 RE 数据来源于国家统计局。其他变量如表 3.5 所示。

表 3.5　宏观货币政策、房地产景气指数对企业融资约束的影响

自变量	变量名称	因变量：企业投资总支出（Inv）	
		（1）	（2）
截距		0.008 （1.474）	0.008 （1.605）
CFI	经营现金流量	0.118^{***} （31.94）	0.120^{***} （32.37）
RE	房地产景气指数	-0.063^{***} （−8.725）	-0.053^{***} （−7.257）
RE · CFI	二项交叉乘		-0.567^{***} （−5.507）
Inv_{t-1}	上季度投资水平	0.529^{***} （89.19）	0.529^{***} （89.32）
Size_{t-1}	上季度规模	0.001^{***} （2.711）	0.001^{***} （2.596）
LEV	本季度负债比率	-0.004^{***} （−5.634）	-0.004^{***} （−5.795）

续表

自变量		因变量：企业投资总支出（Inv）	
		（1）	（2）
$Cash_{t-1}$	上季度现金持有量	-0.018^{***} （-9.467）	-0.019^{***} （-9.605）
Adj.R^2		0.335	0.336
N		19 121	19 121

***表示在 0.01 水平上显著（双尾）

注：括号内为 t 统计值

如表 3.5 所示，RE 的系数显著为负，表明房地产热确实会对制造业和 IT 业的企业投资产生负面影响；RE · CFI 的系数也显著为负，表明房地产热会降低制造业和 IT 企业的融资约束。这个结果表明，房地产热对其他行业的冲击主要是因房地产业的高收益抬高了社会资本对投资收益的要求，使许多本来有利可图的项目变得不可行。房地产热带动房价的上涨使企业的总资产价值得以提升，增加了企业的信贷额度，降低了企业的融资约束。因此，与股市对货币政策发挥渗漏作用不同，房地产热在一定程度上起到了“资产负债表渠道”的作用，缓解了企业的融资约束，但抬高了社会资本的期望投资收益，从而打击了非房地产企业的投资欲望，这对中国经济转型的顺利进行产生阻滞效应。因此，为了国家未来的经济发展，提高国民经济竞争力，对房地产企业加以宏观调控以抑制其过热是必要的。

第 4 章　宏观经济政策对创新投资的影响

我国提出到2020年要进入创新型国家行列，要实现这一国家战略目标，需要企业和政府的共同努力。在促进企业创新投资的过程中，政府的宏观调控和政策制定尤为重要。但从企业 R&D 投入强度来看，我国与发达国家还存在较大差距。根据《2008 中国 500 强公司发展报告》，我国 500 强公司的平均 R&D 投入强度为 1.34%，而发达国家的中等规模公司的该指标一般都大于 3%。因此跟发达国家相比，我国企业 R&D 投入强度有待提高。我国企业 R&D 投入强度为什么偏低？这是一个值得深思和探讨的问题。目前国内外学者对该问题的探讨主要从内因与外因两个方面进行。内因方面，包括损益表考虑、企业规模、现金流、所有制结构、行业、管理者个人、公司治理等。而外因方面，主要是从宏观政策（货币政策、税收政策）角度进行研究。国内现有文献大多从制度层面上研究企业创新投资的各种影响因素，包括管理层特征、公司治理特征等，尚未有将宏观政策中的货币政策与税收政策结合起来探究对企业创新投资的影响的研究。

4.1　货币政策对创新投资的影响

凯恩斯主义经济学认为企业投资是经济增长的动力，该学派的 IS-LM 模型显示，宏观货币政策的量化宽松措施能够通过信贷投放促进投资，并推动经济增长（Bernanke and Blinder，1992）。另一支宏观经济学——熊彼特主义经济学则认为，企业创新才是经济增长的关键动力（Aghion and Howitt，2006）。问题是，熊彼特主义经济学与凯恩斯主义经济学难道水火不容吗？熊彼特主义经济学认为经济增长是内生的，发明与创新是经济增长的原动力，也是产生经济周期的根源。但凯恩斯主义经济学则认为企业投资是经济增长的动力，而投资则受到利率的影响，利率则由货币市场供求情况决定。熊彼特主义经济学与凯恩斯主义经济学的可能接合处在于宏观货币政策与企业创新的关系。Dosi 等（2008）构建了一个“友好政策”模型，将熊彼特主义与凯恩斯主义结合在一起，他们认为影响总需求的要素与影响短期经济波动和长期增长模式的技术革新的驱动因素之间存在互补性（Dosi et al.，2008）。实际上，凯恩斯学派 Bernanke 和 Blinder（1992）等认为宏观货币政策通过管制依赖于银行的借款者所能获取的资金总量即通过信贷渠道来影响企业投资行为；而熊彼特学派 Aghion 等（2008）则发现，在没有信贷约束的前提下，投资中 R&D 投资所占的比例具有反周期性特征；但当公司面临较强的信贷约束时，该 R&D 投资的反周期性就会减弱；在信贷约束较大的公司，R&D 投资占投资总额的比例在经济萧条时期会急剧下降而在景气时期并不会同比例上升。显然，两个学派在信贷约束这一点上出现了交汇。

然而，相对于单纯扩大产量的投资，企业的 R&D 投资具有特殊性。O'Sullivan（2000）总结出创新有三个特征：集体性、累积性和不确定性。创新的集体性要求实施创新的企业拥有足够多的有创新能力的成员，这样的企业并不是随处可见的。累积性要求创新要有基础，而且创新是一个连续的过程。这意味着创新是种长期的投资。创新的累积性意味着企业一旦投入 R&D，它就不会轻易放弃，即使企业面临着紧缩的宏观货币政策。但是，一旦流动性受到冲击，致力于创新的企业将面临财务困境，这种情况下，企业不仅会因为创新活动要终止而遭受巨大损失，而且可能无法存活下来。因此，鉴于创新有较高的不确定性，企业面临的信贷约束越强、销售波动性越大、宏观货币政策的变动越频繁，其遭受创新失败的可能性就越大，因而企业更不愿意投资于 R&D（Aghion et al.，2008）。也就是说，宽松的货币政策未必能促进企业加大 R&D 的投资力度，货币政策的稳定性才是影响 R&D 投资的关键因素。但有研究表明，宽松的货币政策能够促进企业扩张投资，缓解民营企业的融资约束（黄志忠和谢军，2013），紧缩的货币政策会降低企业 R&D 投资（肖红和肖明芳，2014）；根据以上的理论分析，我们认为，鉴于我国货币政策的波动性较大，货币政策的松紧不会对企业的 R&D 支出产生显著影响，但这个判断还需要实证的检验。

4.2　税收政策对创新投资的影响

政府如何才能更好地促进企业提高 R&D 投资？政治家和经济学家把注意力

转向直接的财政政策，如由政府出资直接投资，或税收补贴。在美国和加拿大，近 90%的风险资本被投入科技开发中[①]。对开发以知识为基础的高科技领域的重要性的认识，带动了大量的政府项目通过直接的政府风险资本基金和税收政策去资助这些领域（Lenrer，1999）。Mcfetridge 和 Warda（1983）指出，税收激励在曾经和将来都会是重要的（刺激企业创新投资的）政策手段。许多研究发现了 R&D 税收补贴有效的证据（Hall and van Reenan，2000），但也有一些研究没能发现税收补贴提高 R&D 的显著证据（Goolsbee，1998；Billings et al.，2001）。国内的研究结论也不统一。朱平芳和徐伟民（2003）考察了上海市政府所采用的对科技创新的激励政策与大中型工业企业 R&D 投入的关系和 R&D 支出对专利产出的影响，发现政府的直接补贴和税收优惠都会促进企业的 R&D 投入，但吴秀波（2003）则没有发现税收优惠政策有明显效果的证据。Hall 和 van Reenan 指出，由于政府倾向于奖励游说者和官僚主义者而不是采取最优决策，在鼓励 R&D 投资方面税收补贴是否有效仍然是个需要实证检验的问题。

4.3　实 证 检 验

这里我们选取 2007~2014 年在深圳证券交易所（简称深交所）上市的公司为初始样本，并选择以下三个较可能有 R&D 投资的行业作为研究对象：制造业，信息传输、软件和信息技术服务业，科学研究与技术服务业（中国证券监督管理委员会行业代码首位符号为 C、I 和 M 的行业），并剔除 ST 的公司、数据缺失的公司以及如 R&D 费用超过销售收入、销售增长率低于−1 等这类极端值后，最终的研究样本为 3 045 个公司−年度数据。本章 R&D 费用来自 Wind 数据库，财务数据取自色诺芬数据库，货币发行量 M2 数据来自中国人民银行网站。

借鉴国内外的研究，本章选择在国内外同类研究中通常选取的几个重要因素作为控制变量，建立模型如下：

$$\begin{aligned}\text{RDRATE}_{it} = {} & \alpha_0 + \alpha_1\text{CRM2}_t + \alpha_2\text{Tax}_{i,t-1} + \alpha_3\text{CRM2}_t \times \text{CFOA}_{it} + \alpha_4\text{CFOA}_{it} \\ & + \alpha_5\text{Size}_{t-1} + \alpha_6\text{LEV}_{t-1} + \alpha_7\text{CASH}_{i,t-1} + \alpha_8\text{Growth}_{it} + \alpha_9\text{SOE}_{it} \\ & + \alpha_{10}\text{Year}_t + \sum \alpha_j \text{Industry}_j + \varepsilon_{it}\end{aligned} \tag{4.1}$$

其中，RDRATE_{it} 为公司 i 第 t 年的 R&D 费用除以当年销售收入；CRM2_t 为 t 年的广义货币供应量 M2 指数的环比增长；$\text{Tax}_{i,t-1}$ 为公司 i 第 t−1 年的实际所得税税率；LEV_{it} 为公司 i 第 t 年的资产负债率；Size_{it} 为公司 i 第 t 年的总资产的自然对

① 见美国 www.ventureeconomics.com，加拿大 www.cvca.ca。

数值；SOE_{it} 为哑变量，当公司为国有控股公司时 $SOE_{it}=1$，否则 $SOE_{it}=0$；$CFOA_{it}$ 为公司 i 第 t 年的经营活动产生的现金净流量除以年初的总资产；$CASH_{i,t-1}$ 为公司 i 第 t−1 年的货币资金占 t−1 年总资产的比重；$Growth_{it}$ 为公司 i 第 t 年相比 t−1 年的销售增长率；$Year_t$ 为 R&D 数据所在自然年度减去 2006；$Industry_j$ 为公司所属行业哑变量。

需要强调的是，企业 R&D 投资决策通常会滞后于货币政策，因此，本章在计算广义货币供应量 M2 指数、狭义货币供应量 M1 指数和流通中的现金 M0 指数时，起始时间为上一年度的第 4 季度，结束时间为 R&D 投资额发生年的第 3 季度，并用这 4 个季度的 M2、M1 和 M0 的总量除以 2005 年第 4 季度至 2006 年第 3 季度的 M2、M1 和 M0 的总量作为本年度货币供应量指数。以 M2 为例，本年度货币供应量指数的环比增长等于本年度的货币供应量 M2 指数减去上年度货币供应量 M2 指数，即

$$CRM2_t = M2_t \div M2_{2006} - M2_{t-1} \div M2_{2006}$$

1. 样本描述性统计

从表 4.1 中可以了解各变量的基本情况。样本企业的技术创新投入占销售收入的比重均值为 4.57%，最小值为 0，最大值为 72.56%。这说明样本中的公司平均而言，创新投入强度尚可，但公司间差异很大。从 M2 的描述性统计来看，这几年货币供应量一直呈上升趋势，平均增长率为 16.06%，最高增长率为 26.62%。企业所得税税负水平的平均值为 16.73%，最小值为 0，最大值为 33.00%。深交所的中小企业板和创新板的上市公司的现金获利能力 CFOA 平均为 3.96%，中位数为 3.67%，整体来看还是偏低，这会对企业的创新投资产生一定的融资约束。正因为如此，样本公司的现金持有量水平还是比较高的，平均持有现金占总资产的比重为 32.97%，中等水平为 29.30%。除去约 1%的增长率过高和增长率低于−1 的样本后，样本公司的销售收入平均增长率为 9.82%，中等水平的销售增长率为 8.92%。由于我国的货币政策波动性大，而且宽松货币政策往往针对经济不景气而执行，因此，可以预见，货币政策对企业创新的影响不会太大。如果宽松货币政策对 R&D 投资或 R&D−现金流敏感性作用不显著，它有可能是因为受宏观经济形势的影响而变得不显著，因为经济不景气会打击企业创新的投资。所以，我们有必要在模型中控制宏观经济形势的影响。但考虑到宏观经济形势与宽松货币政策间存在很强的相关关系，为了降低产生共线性的风险，我们用企业的经营现金流量 CFOA 和增长率 Growth 代替宏观经济形势作为模型的控制变量，因为它们容易受宏观经济形势的影响。

表 4.1 变量的描述性统计

变量	样本量	均值	中位数	最小值	最大值	标准差
$RDRATE_t$	3 045	0.045 7	0.035 7	0.000 0	0.725 6	0.047 6
$CRM2_t$	3 045	0.160 6	0.156 2	0.127 3	0.266 2	0.033 2
Tax_{t-1}	3 045	0.167 3	0.150 0	0.000 0	0.330 0	0.054 3
$CFOA_t$	3 045	0.039 6	0.036 7	−0.300 4	0.337 3	0.066 0
$Size_{t-1}$	3 045	21.069	20.988	18.917	25.058	0.744
LEV_{t-1}	3 045	0.303 2	0.281 6	0.007 5	1.292 7	0.181 9
SOE_t	3 045	0.130 6	0	0	1	0.337 0
$CASH_{t-1}$	3 045	0.329 7	0.293 0	0.007 5	0.918 5	0.187 4
$Growth_t$	3 045	0.098 2	0.089 2	−0.996 7	1.000 0	0.194 9

2. 多元回归检验

表 4.2 报告了模型（4.1）的回归结果。不管是全样本，还是将样本分为国有控股与民营控股，回归结果均显示货币供应量 CRM2 的系数不异于零，这与我们的预期一致，即可能是由于我国货币政策的波动性较大，货币政策的松紧不会对企业的 R&D 支出产生显著影响。虽然全样本下模型 2 中 CRM2×CFOA 的系数也不异于零，但是，民营样本下模型 6 中 CRM2×CFOA 的系数在 5%的水平上显著为负，表明货币政策不影响企业的创新投入，但却会降低与民营企业的创新投入相关的融资约束。从这个结果来看，不稳定的货币政策无法起到推动企业创新的作用。另外一个可能的解释是，由于宽松的货币政策往往在经济形势低迷时推出，因此对企业的创新投资的影响不大，甚至可能会因为经济形势的下行而有负面的影响（模型 1、模型 3 和模型 5 中 CRM2 的系数为负但不显著）。另外，国有上市公司受中央和地方政府的支持，它们在预算方面经常处于软约束状态，因此，货币政策的宽松与收紧均不影响其创新投资预算所面临的约束。但民营企业则大不相同，它们的创新预算受自由现金流（表 4.2 中民营样本下 CFOA 的系数显著为正）和外部融资（表 4.2 中民营样本下 LEV 的系数显著为负）的约束，宽松的货币政策可以通过信贷渠道降低它们所受的融资制约，使 R&D 投入对 CFOA 的敏感性系数下降，从而促进它们的创新投入，即宽松的货币政策有利于降低民营企业创新投资预算所面临的融资约束。

表 4.2 货币政策和税收对 R&D 的影响：对模型（4.1）的回归结果

变量	全样本		国有样本		民营样本	
	模型 1	模型 2	模型 3	模型 4	模型 5	模型 6
截距	0.081^{***}	0.074^{***}	−0.013	−0.039	0.102^{***}	0.103^{***}
	（3.022）	（2.724）	（−0.176）	（−0.526）	（3.505）	（3.537）
$CRM2_t$	−0.064	0.021	−0.076	0.012	−0.059	0.023
	（−1.565）	（0.479）	（−0.787）	（0.119）	（−1.289）	（0.472）

续表

变量	全样本		国有样本		民营样本	
	模型 1	模型 2	模型 3	模型 4	模型 5	模型 6
Tax_{t-1}	−0.074***	−0.136***	−0.087	−0.050	−0.073***	−0.144***
	(−3.132)	(−7.996)	(−1.357)	(−1.051)	(−2.896)	(−7.841)
$CRM2_t \times CFOA_t$		−0.421		0.234		−0.592**
		(−1.589)		(0.374)		(−1.971)
$CFOA_t$	0.015	0.091**	−0.023	−0.062	0.020*	0.122**
	(1.440)	(1.990)	(−0.824)	(−0.535)	(1.781)	(2.408)
$Size_{t-1}$	−0.003**	−0.002	0.003	0.003	−0.004***	−0.003***
	(−2.496)	(−1.533)	(0.743)	(0.904)	(−3.205)	(−2.571)
Lev_{t-1}	−.039***	−0.034***	−0.065***	−0.065***	−0.033***	−0.031***
	(−5.960)	(−5.333)	(−3.393)	(−3.402)	(−4.778)	(−4.642)
$CASH_{t-1}$	0.067***	0.061***	0.088***	0.089***	0.065***	0.058***
	(11.00)	(10.03)	(4.090)	(4.140)	(10.29)	(9.285)
$Growth_t$	−0.004	−0.006	−0.016	−0.013	−0.003	−0.005
	(−1.054)	(−1.605)	(−1.256)	(−1.078)	(−0.597)	(−1.117)
SOE_i	0.014***	0.012***				
	(5.925)	(5.169)				
Industry	控制	控制	控制	控制	控制	控制
Year	控制	控制	控制	控制	控制	控制
Adj.R^2	0.180	0.193	0.205	0.201	0.177	0.194
N	3 045	3 045	417	417	2 628	2 628

*、**、***分别表示在 0.10、0.05、0.01 水平上显著（双尾）

注：括号内为 t 统计值

从全样本来看，税收对企业创新投资产生重大的影响：Tax_{t-1} 的系数显著为负，表明降低所得税税率能够大大提升企业的 R&D 投入水平，符合我们的预期。然而，分样本检验发现，税率主要影响的是民营上市公司的创新投资行为。由于外因是通过内因起作用的，国有控股的上市公司不管是控制人还是管理者，他们都是代理人，创新给他们带来的主要是风险，而不是收益，因而他们没有创新的强烈意愿，外部的政策刺激并不会影响他们的创新投资行为。而民营上市公司则不同，公司的管理层往往是控股股东或由控股股东派任，管理层的行为往往与股东的利益相一致。创新在给股东带来风险的同时，也会带来高额回报。成功的创新无疑会形成企业的核心竞争力。因此，个人作为终极控股股东的存在有利于监督管理层关注创新，并通过一些机制增强经理人对创新的兴趣。可见，国家鼓励创新的一系列政策要发挥作用，还需要好的公司治理机制作为辅助。

3. 稳健性测试

上文的回归检验结果表明宽松的货币政策对促进国有企业创新投资无效，民营企业主要是通过降低融资约束来促进创新投资的。当然，这个结果可能与我们所使用的货币政策代理变量有关。因此，我们需要用其他的货币政策代理变量，如狭义货币供应量 M1、流通中的现金 M0 来进行稳健性测试，以寻找最合适的货币政策代理变量。在税率方面，也可以用所得税税率的变化 Taxch 来替代所得税率 Tax。同时，我们希望观察到货币政策和税收政策发生变化时企业的创新行为是否发生变化，因此，我们将因变量改为 R&D 投入的增量，税收政策也是用税率的变化来表示。稳健性测试模型如下：

$$\begin{aligned}\Delta\text{RDRATE}_{it} = {}& \alpha_0 + \alpha_1\Delta\text{M1}_t\left(\Delta\text{M0}_t\right) + \alpha_2\text{Taxch}_{i,t-1} + \alpha_3\Delta\text{M1}_t\left(\Delta\text{M0}_t\right)\times\text{CFOA}_{i,t} \\ & + \alpha_4\text{CFOA}_{it} + \alpha_5\text{Size}_{t-1} + \alpha_6\text{LEV}_{t-1} + \alpha_7\text{CASH}_{i,t-1} + \alpha_8\text{Growth}_{it} \\ & + \alpha_9\text{LOSS}_{it} + \sum\alpha_j\text{Industry}_j + \varepsilon_{it}\end{aligned} \quad (4.2)$$

其中，$\Delta\text{M1}_t = \text{M1}_t \div \text{M1}_{2006} - \text{M1}_{t-1} \div \text{M1}_{2006}$，$\text{M1}_t$ 为 t 年狭义货币供应量，故 ΔM1_t 为 M1 定基指数的变化量；$\Delta\text{M0}_t = \text{M0}_t \div \text{M0}_{2006} - \text{M0}_{t-1} \div \text{M0}_{2006}$，$\text{M0}_t$ 为 t 年流通中的现金，故 ΔM0_t 为 M0 定基指数的变化量；Taxch_{it} 为 t 年度企业相应所得税税率减去上年度企业相应的所得税税率；LOSS 为当年亏损的哑变量（亏损时取值 1，否则取值 0）；ΔRDRATE_{it} 为公司本年度的 R&D 支出减去上一年度的 R&D 支出再除以上年销售收入的比值。其他的变量定义同模型（4.1）。

表 4.3 是稳健性测试的结果。结果显示，用狭义货币供应量 M1 的效果要好于流通中的现金 M0，也好于广义货币供应量 M2。根据 M1 的结果，狭义货币供应量的增加有助于促进民营企业的 R&D 投资，同时降低民营企业创新投资所面临的融资约束。从模型 3 的结果来看，不管是哪一种货币供应量的变量都不能引起国有控股上市公司的 R&D 投资的变化。因此，狭义的货币宽松政策对民营企业的创新投资具有促进作用，而所有的货币政策都无助于改变国有控股上市公司的创新投资行为。

表 4.3　稳健性测试：对模型（4.2）的分组回归结果

变量	全样本		国有样本		民营样本	
	模型 1	模型 2	模型 3	模型 4	模型 5	模型 6
截距	0.012	0.014	0.046	0.031	0.007	0.008
	（1.119）	（1.226）	（1.422）	（0.975）	（0.591）	（0.681）
ΔM1_t	0.004**		0.001		0.004**	
	（2.129）		（0.149）		（2.024）	
ΔM0_t		0.006		−0.003		0.007
		（0.892）		（−0.951）		（0.968）
Taxch_{t-1}	− 0.013	− 0.012	− 0.008	− 0.005	− 0.015	− 0.014
	（− 1.253）	（− 1.183）	（− 0.259）	（− 0.183）	（− 1.391）	（− 1.358）

续表

变量	全样本		国有样本		民营样本	
	模型 1	模型 2	模型 3	模型 4	模型 5	模型 6
$\Delta M1_t \times CFOA_t$	−0.033*		−0.016		−0.034**	
	(−1.728)		(−0.293)		(−1.726)	
$\Delta M0_t \times CFOA_t$		−0.228***		−0.014		−0.219***
		(−3.440)		(−0.465)		(−3.076)
$CFOA_t$	0.032***	0.092***	0.014	0.001	0.035***	0.090***
	(3.847)	(4.003)	(0.421)	(0.095)	(2.898)	(3.664)
$Size_{t-1}$	−0.001	−0.001	−0.002	−0.001	0.000	0.000
	(−1.077)	(−1.190)	(−1.246)	(−0.498)	(−0.586)	(−0.700)
Lev_{t-1}	−0.002	−0.001	0.000	−0.003	−0.002	−0.002
	(−0.562)	(−0.403)	(−0.036)	(−0.334)	(−0.813)	(−0.655)
$CASH_{t-1}$	0.013***	0.013***	0.017*	0.016	0.013***	0.013***
	(4.810)	(4.819)	(1.672)	(1.619)	(4.730)	(4.735)
$Growth_t$	0.011***	0.011***	0.010*	0.008	0.011***	0.011***
	(6.238)	(6.026)	(1.701)	(−1.458)	(−6.127)	(6.907)
$LOSS_t$	−0.006***	−0.006***	−0.008*	−0.008*	−0.005***	−0.006***
	(−3.286)	(−3.434)	(−1.791)	(−1.722)	(−2.826)	(−3.011)
Industry	控制	控制	控制	控制	控制	控制
Adj.R^2	0.040	0.042	0.021	0.026	0.042	0.044
Durbin-Watson	2.045	2.051	2.005	2.007	2.064	2.067
N.	3 045	3 045	417	417	2 628	2 628

*、**、***分别表示在 0.10、0.05、0.01 水平上显著（双尾）

注：括号内为 t 统计值

与表 4.2 的结果存在重大差异的是，模型（4.2）采用差分回归后，$Taxch_{t-1}$ 的系数全都不再显著。因此，应该是税收的优惠政策（如高新技术企业执行 15% 的税收优惠政策）促进了民营企业的 R&D 投资，全国性的所得税税率的改变不足以促进企业的 R&D 投资，即执行差别化的税率政策比一刀切的税率政策调整更有助于促进民营企业的创新投资行为。

4. 结论与启示

本章以 2007~2014 年在深交所上市的中小企业板和创业板公司为样本，研究了宏观货币政策和税收政策对企业创新投资的影响。研究发现，可能是由于国有企业的所有权与控制权的巨大分离，管理层的代理成本极高，企业又缺乏有效的薪酬激励机制，不管是货币政策还是税收政策，都不能改变国有控股上市公司的创新投资行为。以狭义货币供应量 M1 为货币政策指标时，研究表明，狭义货币供应量的宽松有助于提高民营企业的创新投资水平，它的促进作用是通过降低民营企业的创新投资所面临的融资约束达成的。因此，改善民营企业所面临的融资生态环境是促进企业创新进而推动国民经济结构转型的重要途径之一。

本章的研究还发现，针对创新型企业的税收优惠政策也能促进民营企业加大创新投资力度，但该优惠政策对国有控股的上市公司的创新投资行为不产生影响。这个结果也有两方面的启示：一是根据稳健性测试的结果，单纯划一地改变所有行业的所得税税率无助于推动企业创新，只有针对创新性企业的税收优惠政策才有助于提升企业的创新水平。二是管理层持股可能是很重要的，它有助于将管理者做创新投资时所承担的风险与其收益挂钩，从而鼓励其创新。由于国有控制的公司管理层很少持有股份，当面临创新投资时，管理层要面临巨大的失败风险，但他们却不能从中获得与风险相应的补偿。这可能是货币政策和税收优惠政策对国有控股上市公司失效的原因。

本章的结论给我们的启示是：①货币政策是通过降低企业的融资约束来促进民营企业创新投资的，因此，解决民营企业的融资难问题对于促进国民经济增长和结构转型极其重要。②税收优惠政策对民营企业创新投资的促进作用非常显著，因此，政府应该尽量加大企业创新投资的税收减免幅度，以促进国家的产业结构调整。③鉴于广义的货币政策对创新的促进作用有限，而且货币政策的频繁变动不利于企业进行创新投资的决策，因此，与其频繁地使用货币政策，不如使货币政策保持相对稳定，降低货币政策的波动性，提高货币政策的可预期性。④要使政府的创新激励政策更加有效，让民营上市公司的股权适度集中，让国有控股上市公司的高管适度持有公司股份是很有必要的，因为只有这样，才能减轻企业的代理问题，让企业的管理者更愿意去创新。

第二篇

公司治理与企业创新

第5章　公司治理与企业创新的文献综述

国外关于公司治理与创新关系的研究文献已经非常丰富。自20世纪80年代末至90年代初，人们越来越意识到美国投资资本分配开始失效，令美国公司处于严重的劣势，并威胁到国家经济的长期增长。公司管理层指责“短期行为”，董事们指责非有效的公司治理和高昂的资本成本。人们开始意识到公司和股权结构会显著地影响企业创新。Porter（1992）因此倡议对治理、股权结构与企业创新之间的关系进行研究，而后于1992年，哈佛商学院联合美国竞争力委员会共同发起一项两年期的研究项目。研究成果指出，在全球竞争中，投资在决定公司升级和创新能力中变得越来越重要，而美国系统没有跟进。随后，学者研究了治理和股权结构对R&D和创新产出的影响（Baysinger et al.，1991；Graves，1988）。然而，这些研究却得出了相互矛盾的结论。Zahra（1996）认为，研究结论不统一的原因之一是对股权结构和公司治理变量的分类标准不够合理，应该根据理论来对股权结构和公司治理进行分类。

1. 股权结构

代理理论认为，公司股权和公司治理系统会影响管理者冒险的意愿（Jones and Butler，1992a）。股权决定了公司与股东和它的投资水平的关系。当大股东存在时，他们会监督经理的决定，并确保对企业创新的关注。当投资者长期拥有公司的股票，他们会去加强经理人对创新的兴趣（Jacobs，1991）。Francis 和 Smith（1995）比较研究了股权结构［经理人及其家庭持股30%以上、外部小集团持股20%以上和CEO（chief executive officer，即首席执行官）及其家庭除外的企业高管集体持股 20%以上］和股权分散对创新投资和创新产出（专利数）的影响，发现股权分散的公司创新投资和创新产出都显著地低于其他类型股权结构的公司。其中，内部人控制的公司单位专利R&D费用最低而创新产出最高。

一些学者认为机构投资者会对企业创新产生正面的影响（Baysinger et al.，1991；Hansen and Hill，1991），而另一些学者则预测机构投资者与企业创新负相关（Graves，1988），因为机构投资者可能被短期的利润所驱动。以上这些相互矛盾的命题可能缘于研究者将机构投资者视为单一群体的倾向。不同的机构投资者群体会追求不同的目的，并强调不同的目标和投资期限（Kochhar and David，1996；Roe，1994）。长线投资者会促进公司创新（Roe，1994；Zahra，1996）。短线机构投资者（如投资银行、私募基金）的经理人每季度都要被评估，他们会提倡短期投资理念（Chaganti and Damanpour，1991）。结果，这些投资者很可能迫使管理者忽视回收期长的企业创新计划（Graves，1988；Hill et al.，1988），从而使短线机构投资者持股与企业创新负相关（Zahra，1996）。

2. 董事会结构

Zahra 和 Pearce（1989）认为，高比例的外部董事可以提高董事会实现控制功能的能力，并鼓励高管追求企业创新。但是，一些研究却得出相反的结论（Baysinger et al.，1991；Hill and Snell，1988；Zahra，1996），即内部董事比例与 R&D 费用显著正相关。

外部董事没能监督经理人实现创新，在很大程度上缘于缺乏主人翁意识（Porter，1992）。拥有权益的外部董事有动机监督 CEO，因而会更加投身到公司的经营中去，从而很可能促进企业创新（Jacobs，1991）。Zahra（1996）发现，股东身份能够削弱外部董事比例与公司创新之间的负相关程度。

3. 经理人薪酬结构

尽管创新活动对价值创造有潜在的贡献，但经理人不一定会支持。管理层的这类风险厌恶被广泛地怀疑是导致 20 世纪 80 年代美国企业竞争力下降的原因（Franko，1989；Hoskisson and Hitt，1994）。职业主义和短期基础奖金制度会抑制经理人对企业创新的追求（Jacobs，1991），当他们较少持有股份时尤其如此（Malatesta and Walling，1988）。Chang 和 Garen（2004）建立了一个公司经理的剩余索取权的激励模型，强调公司经理对创新收益的剩余索取权能够激励公司经理在技术创新过程中发挥一定作用。由 Manso（2011）发展的一个理论显示，促使 CEO 创新的薪酬契约表现出对短期失败的容忍和对长期业绩的奖励两个特征。在实证方面，一些研究发现，经理人持股与企业创新显著正相关（Hansen and Hill，1991；Zahra，1996）。Holthausen 等（1995）发现，经理人薪酬中长期成分（如股票期权、限定性股票、业绩计划和影子股票）的比例与公司未来创新显著正相关。

近年来，国内的学者也开始关注公司治理对企业创新的影响，并形成了较为丰富的文献。在理论方面，一些学者在借鉴国外前沿理论的基础上对我国企业的治理现状进行分析并提出自己的观点。例如，李维安和王世权（2007）在介绍利益相关者治理理论研究脉络及其进展时指出，传统的基于静态资源观的治理制度安排，应当转向以创新为导向的治理理念，才能使公司治理理论更加适应实践。在另一个研究中，李维安和王辉（2003）指出，当前中国企业经营者创新不足的根本原因在于企业选任机制、激励机制和决策机制不健全。在激励机制方面，企业应赋予经营者适当的剩余索取权。唐晓华等（2001）从宏微观制度、产业组织和市场三个方面分析了我国企业技术创新乏力的原因。王昌林和蒲勇健（2005）分析了公司治理机制对企业技术创新的路径决定作用机理，指出中国企业治理机制远未完善，缺乏对技术创新的激励作用，甚至在一定程度上形成了对技术创新的阻碍作用。其他类似的论述公司治理影响企业创新的文献有蔡继明和解树江（2000）、杨建君等（2002）、张洪辉等（2010）等。

在实证研究方面，文献也很丰富。例如，唐晓华等（2004）分析了我国技术创新资源与企业激励不匹配性，发现技术创新能力和激励水平都较低的国有企业占据了大多数的创新资源，这与其他的一些研究发现国有企业创新投入低（张宗益和张湄，2007；冯根福和温军，2008；赵洪江等，2008）、创新效率低（池仁勇，2003；俞立平，2007）相一致。

在股权结构方面，研究结论并不一致。张宗益和张湄（2007）发现股权集中度与企业创新投入负相关但不显著；杨勇等（2007）、赵洪江等（2008）、张洪辉等（2010）则发现股权集中度对 R&D 投入具有显著的正向影响；而陈隆等（2005）、冯根福和温军（2008）则发现股权集中度与创新投入呈“U”形曲线关系。冯根福和温军（2008）、赵洪江等（2008）还发现，基金持股与企业 R&D 投入正相关。

在董事会结构方面，结论也不统一。陈隆等（2005）发现独立董事比例与 R&D 费用负相关，而张宗益和张湄（2007）、冯根福和温军（2008）却发现独立董事比例与 R&D 费用显著正相关。张宗益和张湄（2007）还发现董事长与总经理两职合一对 R&D 具有显著的正向影响。

在高管薪酬结构方面，国内的学者较少涉及。杨勇等（2007）、张宗益和张湄（2007）、张洪辉等（2010）都发现高管薪酬与 R&D 费用正相关。然而，从统计学角度，该结论并不可靠，因为企业的 R&D 支出对企业的经营现金流具有巨大的依赖性，而高管薪酬同样极大地受企业经营现金流的影响。也就是说，高管薪酬与 R&D 支出正相关并不奇怪，但这种正相关并不意味着薪酬高低影响 R&D 的支出。研究模型需要考虑内生性问题。另外，一些学者研究了高管持股对 R&D 支出的影响，研究发现，高管持股与 R&D 支出不相关（张宗益和张湄，2007）或负相关（赵洪江等，2008）或与创新效率正相关（冯根福和温军，

2008；张洪辉等，2010），总之，结果比较混乱。

除上述因素之外，也有研究检验了负债比率对创新的影响，但结论也不统一。陈隆等（2005）、张宗益和张湄（2007）没有发现负债比率与 R&D 支出有关，而杨勇等（2007）、张洪辉等（2010）则发现负债比率与 R&D 支出显著负相关。然而，负债比率与 R&D 的关系同样地受内生性的影响较大，因为负债比率往往与经营现金流负相关。

从国内的研究来看，与国际的研究尚有距离，主要表现在大多数的研究样本量太小，只取 1 年最多不超过 3 年的数据进行研究，个别研究还限制在某个行业或某个地区的企业。除此之外，研究设计也不够精细，内生性问题比较严重。正因为这样，研究的结果不太可靠，这可能是造成不同的研究结论不统一甚至相反的原因。从国际趋同的角度分析，国内今后在这一领域的研究还需要加强研究设计和方法的规范，包括大样本量长窗口选取数据，克服内生性问题；也包括在股权结构、董事会结构、机构投资者持股、薪酬结构方面更加细化，既要与国际趋同，又要考虑到中国的制度特点。

从国际的角度来分析，今后该领域的研究需要与宏观经济接轨。因为不管是公司治理还是创新投资，都是公司财务的内容之一，需要考虑投融资决策以及相应的代理问题。一方面，创新投资决策受市场的影响。过早的创新可能不能给企业带来盈利反而会让企业遭受损失。Zahra（1996）在研究公司治理对企业创新的影响时考虑了行业状况（投资机会）的中介作用，发现当存在较好的投资机会时，公司治理就会发挥更大的作用。另一方面，众所周知，企业投资要受企业经营现金流和外部融资的约束，而企业的外部融资则受宏观政策的影响（刘志远和张西征，2010；黄志忠和谢军，2013）。

政府为了促进企业创新，会给创新企业优惠政策，包括税收优惠政策和融资优惠政策。本书第 1 章的研究结果表明，宏观货币政策如果变化频繁会造成企业对政策的预期困难，会对企业的创新投资造成不利影响，起码对企业创新没有促进作用。不过，宽松的货币政策会通过利率和信用渠道缓解创新企业的融资约束。另外，差别化的税收政策会对民营企业的创新产生较好的刺激作用。但是，税收政策或货币政策并不是对所有企业都有效。我们还有必要研究公司治理在货币政策、宏观经济形势、税收政策向创新型企业传递的过程中是否会起作用，以及起什么样的作用。

第 6 章　高管薪酬与企业创新：理论分析

企业创新是一种可能带来不良结果的冒险选择，许多创新是以失败告终的，那些幸存下来的项目往往经过很多年才能产生利润（Starr，1993）。因此，对于以短期获利为目的的股东、债权人、供应商和企业高管都不愿意承担这样的风险。已有的文献提出，给高管以期权能够减轻由创新失败导致股价下跌给他们带来的损失，从而鼓励他们提高创新投资水平。实际上，凡是有期权性质的激励机制都能够促进高管加大创新投资。我国上市公司高管的薪酬经常具有期权的性质，这已被一些实证研究所证实。例如，方军雄（2011）发现，我国上市公司高管薪酬的业绩敏感性存在不对称的特征，业绩上升时薪酬的增加幅度显著高于业绩下降时薪酬的减少幅度。我们认为，这样的薪酬制度有利于加大企业创新力度。下面，我们从管理者效用的角度来讨论 CEO 的任期、薪酬制度与创新投资决策的关系。

6.1　管理者风险厌恶与创新投资决策

为了考虑创新的累积性，假设创新投资水平为 I，其中第 t 年的投资额为 I_t，$\sum_t I_t = I$。设第 t 年投资项目的未扣除投资成本的税前现金流为 $\left(m_t + \varepsilon_t\right) I_t$，其中 ε_t 为均值 $E\left(\varepsilon_t\right) = 0$，标准差 $\sigma\left(\varepsilon_t\right) > 0$ 的随机变量。假定项目回收期内税前预期现金流的现值为 $M(I)$，且有 $\partial M(I)/\partial I = \sum m_t k_t > 0$，其中 $k_t = I_t/I$，即创新投资的边际收益率为正。假定企业融资次序为先内部融资，而后债务融资，即第 t 年创新项目对外融资的量为 $\left(I_t - \mathrm{CFI}_t\right)$，$\mathrm{CFI}_t$ 为第 t 年企业的不扣除创新项目投资支出的自由现金流，融资成本为 R_d。假定对风险厌恶的管理者预计能继续在公司担任这一职务 N（$N>0$）年。按现行会计准则，在创新项目成功申请专利之前发生的 R&D 费用 I_t 计入当期损益。

如果公司采用管理者的薪酬与业绩挂钩，假定薪酬是业绩的 δ 倍（$0 \leqslant \delta < 1$），单位风险投资带给管理者的边际负效用是 $\frac{1}{2}\lambda\sigma^2$（$\lambda$ 为管理者的风险态度）。创新项目带给管理者的累积效用将是

$$U_m = \sum_{t=1}^{T} \delta\left[\left(m_t I_t - I_t\right)(1-\text{Tax}) - R_d\left(I_t - \text{CFI}_t\right)(1-\text{Tax})\right] - \frac{1}{2} I^2 \sigma^2 \tag{6.1}$$

其中，Tax 为所得税税率。管理者的财富效用包括利润的奖励，也包括其所要承担的所有风险。即使管理者的薪酬与业绩不挂钩，管理者也要为其创新失败承担风险，因为创新失败可能造成管理者被辞退，或者名誉遭受损失。管理者利己的最优决策是使式（6.2）成立的 I，记为 I^*：

$$\begin{gathered}\frac{\partial U_m}{\partial I} = (1-\text{Tax}) \sum_{t=1}^{T} \delta\left[\left(m_t - k_t\right) - R_d k_t\right] - \lambda I \sigma^2 = 0, I > \text{CFI} \\ \text{或} \frac{\partial U_m}{\partial I} = (1-\text{Tax}) \sum_{t=1}^{T} \delta\left(m_1 - k_t\right) - \lambda I \sigma^2 = 0, I \leqslant \text{CFI}\end{gathered} \tag{6.2}$$

其中，k_t 为第 t 年创新投资额占总投资额 I 的比重。

为简单起见，我们不考虑负债或宏观货币政策的影响问题，即假设 $I \leqslant \text{CFI}$。此时，最优的创新投资水平为

$$I^* = \frac{(1-\text{Tax}) \sum_{t=1}^{T} \delta\left(m_t - k_t\right)}{\lambda \sigma^2} \tag{6.3}$$

显然，在管理者看来最优创新投资额与风险 σ 负相关，也与风险态度 λ 负相关，与创新的预期效益 m_t 正相关，与绩效奖励幅度 δ 正相关。从式（6.3）可以看出，I^* 与 Tax 负相关，说明降税也有助于提高管理层的最优创新投资水平，这已在 4.2 节中得到过验证。

6.2 长期现金薪酬合约与创新投资决策

1. $\delta = 0$（即未安排激励）的情形

通常，项目的预期收益超过预期成本的情况下，项目才能通过董事会的审议。因此，我们仅讨论项目可行的情形。此时，$\sum_{t=1}^{T}\left[\left(m_t - k_t\right) - R_d\left(k_t - \text{CFI}_t / I\right)\right] > 0$。假定企业给管理者安排的合约即任命期 N 长于创新寿命期 Γ。

当项目的投资水平低于企业内部现金流，即 $I \leqslant \text{CFI}$ 时，假定每期投资水平

占总投资额的比例与总投资无关，由于 $\delta = 0$ ，由式（6.2）得

$$\frac{\partial U_m}{\partial I} = (1 - \mathrm{Tax})\sum_{t=1}^{T} \delta\left(m_t - k_t\right)_t - \lambda I \sigma^2 = -\lambda I \sigma^2 \leqslant 0 \tag{6.4}$$

当且仅当 $I = 0$ 时等号成立，即管理者最优的选择是 $I = 0$，也就是不进行创新投资。

当项目的投资水平超过企业内部现金流，即 $I > \mathrm{CFI}$ 时，同样假定每期投资水平占总投资额的比例与总投资无关，由于 $\delta = 0$ ，由式（6.2）得

$$\frac{\partial U_m}{\partial I} = -\lambda I \sigma^2 \leqslant 0$$

当且仅当 $I = 0$ 时等号成立，即管理者最优的选择仍然是不进行创新投资。

因此，我们得出推论 6.1。

推论 6.1　当企业管理者的薪酬与业绩无关时，由于创新的收益与管理者的报酬无关，但管理者要承担项目失败带来的名誉的和心理上的损失，管理者的最优选择是不进行创新投资。

当然，如果引入信息不对称，情况会变得很复杂。假设董事会对创新项目可行性的真实情况并不了解。管理者可能将项目的真实可行性对董事会加以隐瞒。管理者的努力程度，以及管理者还可以从项目的投资中获得私人收益等情况并不被董事会所掌握。这时，管理者进行创新投资的效用函数变为

$$U_m = \pi I - w(I) - \frac{1}{2}\lambda I^2 \sigma^2 \tag{6.5}$$

其中，π 为管理者能够获得的私人收益水平；$w(I)$ 为管理者为迷惑董事会而做出的努力所产生的成本。管理者最优创新投资水平 I^* 由式（6.6）确定：

$$\frac{\partial U_m}{\partial I} = \pi - w - \lambda I \sigma^2 = 0 \tag{6.6}$$

解得

$$I^* = \frac{\pi - w}{\lambda \sigma^2} \tag{6.7}$$

显然，从式（6.7）可以知道，当管理者与董事会或股东之间存在信息不对称性，管理者能从创新投资中抽成的私人利益越多，付出的努力越少，最优创新投资水平就会越高。

由于管理者的任期预期较长，如果管理者的薪酬比较高，管理者实施虚假创新必然带来较高的创新失败概率，此时 σ 比较高。管理者如果预期董事会事后会对其创新失败做出处罚，如因此被更换，这被称为“离职威胁”。离职威胁也会产生激励效果，原因是管理层的风险厌恶系数 λ 变大了，加上较高的 σ ，管理者就会减少低效的创新投资（Acemoglu and Newman，2002；Kwon，2005；Shapiro and Stiglitz，1984）。因此，无激励安排时，离职威胁会使高管的薪酬与创新投资呈负相关关系。

如果管理者的任期预期较短，那么管理者就不会关心是否会因为绩效不好而被更换，这时λ为 0，或接近于 0。此时，由式（6.7）可知，最优创新投资水平会很高。因此，创新投资水平与管理者任期呈负相关关系。这些创新投资由于效率低，我们称其为“过度创新”。

2. 安排激励水平为$\delta(\delta>0)$的情形

当$I \leqslant \text{CFI}$时，对式（6.3）求δ的偏导数得

$$\frac{\partial I^*}{\partial \delta}=\frac{(1-\text{Tax})\sum_{t=1}^{T}(m_t-k_t)}{\lambda\sigma^2} \tag{6.8}$$

在创新项目可行的情况下，$\sum_{t=1}^{T}(m_t-k_t)>0$，因此，式（6.8）大于 0，即最优创新投资额与管理者薪酬的激励水平δ正相关。

当$I>\text{CFI}$时，最优创新投资额I^*由式（6.9）决定：

$$I^*=\frac{\sum_{t=1}^{T}\delta\left[(m_t-k_t)-R_d k_t\right]}{\lambda\sigma^2} \tag{6.9}$$

对式（6.9）求δ的偏导数得

$$\frac{\partial I^*}{\partial \delta}=\frac{\sum_{t=1}^{T}\left[(m_t-k_t)-R_d k_t\right]}{\lambda\sigma^2} \tag{6.10}$$

如果项目是可行的，那么$\sum_{t=1}^{T}\left[(m_t-k_t)-R_d k_t\right]>0$，即式（6.10）为正，表明最优创新投资额与管理者薪酬的激励水平δ正相关。

于是，我们得出推论 6.2。

推论 6.2　当管理者的任命期长于项目寿命时，只要有好的创新机会，对于管理者来讲，激励强度越大，最优创新投入就越大。

如果考虑信息不对称的情形，管理者不仅能够获得奖励，也可以从创新投资中获取私人收益。不考虑负债因素，管理者的效用函数为

$$U=\sum_{t=1}^{T}\delta\left[(m_t I_t-I_t)(1-\text{Tax})+\pi I-w(I)\right]-\frac{\lambda}{2}I^2\sigma^2 \tag{6.11}$$

令式（6.11）等于 0，求解得最优创新投资水平：

$$I^*=\frac{\sum_{t=1}^{T}\delta\left[(m_t-k_t)(1-\text{Tax})\right]+\pi-w}{\lambda\sigma^2} \tag{6.12}$$

由式（6.12）可以推知，企业的创新投资水平不仅与薪酬激励水平正相关，

而且与管理者能够从投资中获得的“租金”收入正相关，与其为投资而需付出的努力负相关。当 $\pi - w > 0$ 时，管理层的最优创新投资水平高于信息对称情形下的最优水平。也就是说，在控制权与剩余索取权分离的条件下，信息不对称会使管理者通过过度创新投资获取私人收益。显然，薪酬激励水平越低，过度创新的程度就会越高。

6.3　短期现金薪酬合约与创新投资决策

1. 无激励安排的情况

当管理者任期 N 只占创新项目寿命 T 的一小部分时，由于创新项目通常在投资的初期投入较大而收益较少，此时，管理者的效用函数为 $U_m = -\frac{\lambda}{2} I^2 \sigma^2$。管理者的效用对投资水平 I 的偏导数均为 $\partial U_m / \partial I = -\lambda I \sigma^2 \leqslant 0$，当且仅当 $I = 0$ 时等号成立，即管理者最优的选择是不进行创新投资。因此，当管理者的任期短于创新项目寿命且无激励安排时，推论 6.1 仍然成立，即管理者不进行创新投资。

如果考虑信息不对称情形下管理者能够从投资中获得私人收益，管理者的效用函数变为 $U_m = \pi I - w(I) - \frac{1}{2} \lambda I^2 \sigma^2$，最优创新水平为 $I^* = \frac{\pi - w}{\lambda \sigma^2}$。由于管理者任期短，管理者就不会关心是否会因为绩效不好而被更换，这时 λ 为 0，或接近于 0，最优创新水平会趋向于无穷大，但由于代理成本高，这种创新投资是低效的。

2. 安排激励水平为 $\delta(\delta > 0)$ 的情形

由于创新的累积性和长期性特征，项目通常在投资的初期投入较大而收益较少。不妨假设创新投资的回收期为 M（$T \geqslant M > 0$），当 $N \leqslant M$ 时，式（6.1）小于或等于 0，即

$$U_m = (1 - \mathrm{Tax}) \sum_{t=1}^{N} \delta \left[\left(m_t I_t - I_t \right) - R_d \left(I_t - \mathrm{CFI}_t \right) \right] - \frac{\lambda I^2}{2} \sigma^2 \leqslant 0 (I > \mathrm{CFI})$$

或者

$$U_m = (1 - \mathrm{Tax}) \sum_{t=1}^{N} \delta \left(m_t I_t - I_t \right) - \frac{\lambda I^2}{2} \sigma^2 \leqslant 0 (I \leqslant \mathrm{CFI})$$

此时，管理者的最优策略是使式（6.13）成立的 I^*：

$$\frac{\partial U_m}{\partial I}=(1-\text{Tax})\sum_{t=1}^{N}\delta\left[\left(m_t-k_t\right)-R_d k_t\right]-\lambda I\sigma^2=0 \tag{6.13}$$

即

$$I^*=\frac{(1-\text{Tax})\sum_{t=1}^{N}\delta\left[\left(m_t-k_t\right)-R_d k_t\right]}{\lambda\sigma^2}\leqslant 0 \tag{6.14}$$

可见，当管理者的任期很短时，他们的最优选择是不进行创新投资。对于管理者任期不确定的情形，创新投资早期企业的业绩因 R&D 支出费用大而可能出现较大幅度降低，这不仅会影响管理者的薪酬，也可能导致管理者因业绩不佳而被更换。因此，Jacobs（1991）认为短期基础奖金制度会抑制经理人对企业创新的追求。

推论 6.3　当管理者的任命期短于项目回收期时，对管理者而言，最优创新投资水平为零。

当然，如果考虑信息不对称的情形，管理者能够从创新投资中获得私人收益 $\pi\sum_{t=1}^{N}I_t$，而因此需要付出努力 $\sum_{t=1}^{N}w\left(I_t\right)$。不考虑负债的情形，则管理者的效用函数为

$$U_m=(1-\text{Tax})\sum_{t=1}^{N}\delta\left(m_t I_t-I_t\right)+\pi\sum_{t=1}^{N}I_t-\sum_{t=1}^{N}w\left(I_t\right)-\frac{\lambda I^2}{2}\sigma^2 \tag{6.15}$$

管理者的最优创新策略是选择如下的 I^*：

$$I^*=\frac{(1-\text{Tax})\sum_{t=1}^{N}\left[\delta\left(m_t-k_t\right)+\pi k_t-w\left(k_t\right)\right]}{\lambda\sigma^2} \tag{6.16}$$

显然，管理者从创新投资中抽取的租金 π 越高，需要努力的程度 w 越低，最优创新投资水平越高。但由于 $\sum_{t=1}^{N}\left(m_t-k_t\right)\leqslant 0$，因而，薪酬激励水平 δ 越高，最优创新投资水平 I^* 越低。总之，当管理者的任期较短时，管理者获取私利的机会越大，偷懒的机会越大，其越愿意进行创新投资，而薪酬激励有助于抑制管理者的过度创新投资行为。

6.4　股权激励合约安排与创新投资决策

1. 以长期业绩（如企业价值）为考核标准

假定资本市场是有效的，业绩考核以企业价值为基准，管理者的奖励形式是

股权，总持有比例为δ，创新项目的总价值为 M，那么，管理者创新的效用函数变为

$$U_m = \delta\left[(M-I)(1-\text{Tax}) - R_d(I-\text{CFI})(1-\text{Tax})\right] - \frac{\lambda}{2}I^2\sigma^2, I > \text{CFI}$$

$$\text{或} U_m = \delta(M-I)(1-\text{Tax}) - \frac{1}{2}\lambda I^2\sigma^2, I \leqslant \text{CFI} \tag{6.17}$$

$$\frac{\partial U_m}{\partial I} = \delta(1-\text{Tax})\left[(m-1)-R_d\right] - \lambda I\sigma^2, I > \text{CFI}$$

$$\text{或} \frac{\partial U_m}{\partial I} = \delta(1-\text{Tax})(m-1) - \lambda I\sigma^2, I \leqslant \text{CFI} \tag{6.18}$$

不考虑负债问题，管理者的最优创新投资水平I^*是使式（6.18）为 0 的解，即

$$I^* = \frac{(1-\text{Tax})\delta(m-1)}{\lambda\sigma^2} \tag{6.19}$$

如果创新项目是可行的，创新投资收益率应该超过成本，即$m>1$。这样，管理者的最优创新投资水平与持股比例δ正相关，与所得税税率负相关，与风险厌恶程度λ负相关，与风险水平σ负相关。因此我们得出推论 6.4。

推论 6.4　如果以长期业绩（如企业价值）为考核标准，且管理者持有公司股权，那么如果有好的创新投资机会的话，创新投资水平与管理者持股比例正相关，与管理者的风险厌恶程度负相关。管理者持股将会积极推动企业创新。

2. 以短期业绩为考核标准

假定资本市场是有效的，企业执行的是以短期业绩为考核基础的期权（或限制性股权）激励机制。假定期权的份额占总股份的比例为δ，管理层获得期权（或股权）的概率为$p_t(t=1,2,\cdots,N)$，p_t与公司业绩正相关，那么管理者创新的效用函数为

$$U_m = \sum_{t=1}^{T}\left[p_t\delta(1-\text{Tax})(m_tI_t - I_t) - R_d(I-\text{CFI})(1-\text{Tax})\right] - \frac{1}{2}\lambda I^2\sigma^2, \ I > \text{CFI}$$

$$\text{或} U_m = \sum_{t=1}^{T}p_t\delta(1-\text{Tax})(m_tI_t - I_t) - \frac{1}{2}\lambda I^2\sigma^2, I \leqslant \text{CFI} \tag{6.20}$$

最优创新投资水平I^*是以下方程的解：

$$\frac{\partial U_m}{\partial I} = \sum_{t=1}^{T}p_t\delta(1-\text{Tax})(m_t - 1 - R_d) - \lambda I\sigma^2 = 0, I > \text{CFI}$$

$$\text{或} \frac{\partial U_m}{\partial I} = \sum_{t=1}^{T}p_t\delta(m_t-1)(1-\text{Tax}) - \lambda I\sigma^2 = 0, I \leqslant \text{CFI} \tag{6.21}$$

即

$$I^* = \frac{(1-\text{Tax})\delta\sum_{t=1}^{T} p_t\left(m_t - 1 - R_d\right)}{\lambda\sigma^2} \qquad (6.22)$$

或

$$I^* = \frac{(1-\text{Tax})\delta\sum_{t=1}^{T} p_t\left(m_t - 1\right)}{\lambda\sigma^2}$$

假定 $M(I)=\sum_{t=1}^{T} m_t I_t > R_d\left(I-\text{CFI}\right)$，即创新项目在经济上可行，那么，管理者的最优策略是式（6.22）。显然，所得税税率 Tax 越低、授予期权的比例 δ 越高、管理层被授予期权的累积概率 $\sum_{t=1} p_t$ 越大、创新项目的收益 m_t 越高，最优创新投资水平就越高。

推论 6.5 以短期业绩作为考核标准的权益基础激励安排下，只要业绩考核要求不要太高，管理者仍会积极推动企业创新。管理者进行创新投资的动力与其获得期权的比例、获授期权的可能性正相关。

6.5 高管薪酬与企业创新关系的经验证据

这里我们选取 2007~2011 年在深交所中小企业板上市的非国有控股的公司为研究的初始样本。由于本章的 R&D 支出数据来源于上市公司年报中董事会报告的披露，这在深交所上市的中小企业板和创业板上市公司中才有。本章需要用至少 5 年的高管薪酬和公司业绩数据来估计薪酬-业绩敏感性水平，因此把创业板公司全部从样本中剔除了，剩下 135 个中小企业板的公司共 675 个年度数据。除了 R&D 费用和 CEO 期权数据通过 Wind 数据库手工收集和计算以外，本章用于研究的其他数据均来自色诺芬数据库。

根据 6.2 节的分析，本节要检验以下几个关系。

（1）当管理者任期较长时，在信息对称的情形下，企业创新投资水平与高管的薪酬激励水平正相关。

（2）当管理者任期较长时，在信息不对称情形下，企业创新投资水平与高管的薪酬激励水平负相关。

（3）当管理者任期较短时，在信息对称情形下，企业创新投资水平与高管的薪酬激励水平不存在显著的相关关系。

（4）当管理者任期较短时，在信息不对称情形下，企业创新投资水平与高管的薪酬激励水平负相关。

（5）企业创新投资水平与管理者持股比例（期权激励水平）正相关。

我们用以下模型来检验以上 5 个关系：

$$\begin{aligned}\text{Innov}_t = {} & \alpha_0 + \alpha_1\text{Cashbased} + \alpha_2\text{Equitybased} + \alpha_3\text{Cturnover} \\ & + \alpha_4\text{OCF}_t + \alpha_5\text{Block}_t + \alpha_6\text{Tobin's}Q_t + \alpha_7\text{Dual} \\ & + \alpha_8\text{Size}_{t-1} + \alpha_9\text{LEV}_{t-1} + \varepsilon_t\end{aligned} \tag{6.23}$$

其中，因变量 Innov_t 为公司的 R&D 支出占当年销售额的比重；解释变量为薪酬–业绩敏感性 Cashbased 和权益激励 Equitybased，预期它们的系数均为正，特别是当 CEO 的任期较长时。在模型（6.23）中，预期 CEO（本章分别用董事长和总经理代替）变更次数 Cturnover 的系数为负，即董事长或总经理变更次数较多的公司，CEO 任期预计会比较短，至少 CEO 的任期不确定性较高，导致公司的创新投资水平较低。模型（6.23）中其他的变量为控制变量。Myers 和 Majluf（1984）指出，运用内部融资资源为项目融资的能力有助于减轻投资不足的问题。Ryan 和 Wiggins（2002）认为较高的经营现金流量是内部融资的一种资源，因此与 R&D 投资正相关。杨勇等（2007）、赵洪江等（2008）、张洪辉等（2010）发现股权集中度对 R&D 投入具有显著的正向影响。股权集中度与第一大股东持股比例高度正相关，因此模型（6.23）中控制了第一大股东持股比例 Block_t。企业创新投资水平直接受限于投资机会。Ryan 和 Wiggins（2002）认为高成长性的公司有动机在 R&D 上投入更多以开发这些机会，因此以 Tobin'sQ 度量的成长性与 R&D 投资水平正相关。张宗益和张湄（2007）发现董事长与总经理两职合一对 R&D 具有正向影响，因此本章在模型（6.23）中控制了代表董事长与总经理两职合一的哑变量 Dual。通常，小规模公司的成长性更高，因此本章在模型（6.23）中控制了公司年初的规模 Size_{t-1}。最后，Bhagat 和 Welch（1995）认为因 R&D 投资提供的是未来的利益，而陷入财务困境的公司往往来不及实现它，负债比率高的公司在 R&D 上的花费会比较少。据此，本章在模型（6.23）中控制了公司年初的负债比率 LEV_{t-1}（表 6.1）。

表 6.1　主要变量定义表

变量符号	变量定义
Innov_t	公司第 t 年的 R&D 支出/当年销售额
Cashbased	前三名高管薪酬对营业利润的敏感性系数，通过薪酬对营业利润进行回归求得的 beta 系数
Equitybased	CEO 所持股份的市值的 1%加上当年获赠股票期权的价值（单位：10^6 元）
Cturnover1	公司近 5 年内董事长变更的次数
Cturnover2	公司近 5 年内总经理变更的次数

续表

变量符号	变量定义
OCF_t	公司第 t 年的经营活动产生的现金流量/总资产
$Block_t$	第一大股东持股比例
$Tobin's Q_t$	公司第 t 年末的股票总市值加上负债账面值除以总资产账面值
Dual	哑变量，董事长兼任总经理时取 1，否则取 0
$Size_{t-1}$	公司规模，等于公司上年末总资产的自然对数值
LEV_{t-1}	负债比率，等于公司上年末负债总额除以上年末总资产的值

1. 变量描述性统计

表 6.2 的描述性统计结果显示，中小企业板上市公司的 R&D 支出平均占销售收入的 3%，23%的公司无 R&D 支出（未列示），最高的 R&D 支出占到销售收入的近 20%。从激励程度来看，薪酬-业绩敏感性平均为 0.2%，即平均来看，营业利润每增加 1 000 万元，公司前三名高管薪酬合计增加 2 万元。激励程度最高的一家公司，营业利润每增加 1 000 万元，公司前三名高管薪酬合计增加 72.7 万元。也有一些公司在业绩下降时，高管薪酬不降反升，造成薪酬的负激励效果，这类公司占到样本总体的 36%左右。权益激励在中小企业板的应用面接近 65%，即接近 65%的公司 CEO 持有公司股份或期权，CEO 持有公司股份市值的 1%加期权的价值平均高达 290 万元，最高的达 7 987 万元。可见，许多样本公司的业绩与 CEO 的财富息息相关。尽管如此，有些公司总经理或董事长的变更也是相当频繁的。在 2007~2011 年董事长平均变更 0.21 次，最高的变更 3 次；5 年间总经理平均变更 0.67 次，最高的变更 4 次。经统计，5 年间董事长未变更的公司占 84.4%，总经理未变更的比例是 53.8%。

表 6.2　变量的描述性统计

变量	N	均值	中值	最小值	最大值	标准差
$Innov_t$	675	0.030 0	0.024 7	0.000 0	0.199 6	0.032 2
Cashbased	675	0.002 0	0.001 0	− 0.032 4	0.072 7	0.011 5
Equitybased	675	2.898 7	0.314 0	0	79.874 1	0.664 8
Cturnover1	675	0.214 8	0	0	3	0.563 3
Cturnover2	675	0.672 6	0	0	4	0.878 9
OCF_t	675	0.054 1	0.053 5	− 0.032 4	0.072 7	0.011 5
$Block_t$	675	0.326 9	0.303 9	0.079 3	0.748 8	0.129 0
$Tobin's Q_t$	675	2.343 2	1.880 0	0.910 0	10.890 0	1.461 2
Dual	675	0.263 7	0	0	1	0.441 0
$Size_{t-1}$	675	20.753 7	20.680 6	19.168 2	24.057 7	0.739 4
LEV_{t-1}	675	0.396 0	0.404 7	0.017 8	1.292 7	0.171 5

表 6.3 的 Pearson 相关性分析显示，权益激励水平 Equitybased 与创新投资水平 $Innov_t$ 存在很高的相关关系，而且明显高于 Cashbased 与 $Innov_t$ 的相关性程度，表明权益激励的效果好于现金激励的效果。董事长变更次数（Cturnover1）与企业创新投资间显著负相关，总经理变更次数（Cturnover2）也与企业创新投资间负相关，但不显著，表明样本公司的 CEO 以董事长为主，因此，本章以下部分主要关注董事长变更次数对创新激励效果的影响。第一大股东持股比例 $Block_t$ 与 $Innov_t$ 显著（10%水平）负相关，表明股权集中不利于企业创新，这与杨勇等（2007）、赵洪江等（2008）、张洪辉等（2010）的研究结果相反。Tobin'sQ_t 与 $Innov_t$ 显著正相关，表明企业创新投资水平受企业的成长性的正向影响。LEV_{t-1} 与 $Innov_t$ 显著负相关，表明债务还款压力大的企业有较少的创新投资，这与 Bhagat 和 Welch（1995）的观点一致。

表 6.3　变量间的 Pearson 相关性分析

变量	Cashbased	Equitybased	Cturnover1	Cturnover2	OCF_t	$Block_t$	Tobin'sQ_t	Dual	$Size_{t-1}$	Lev_{t-1}
$Innov_t$	0.085**	0.308***	−0.158***	−0.051	0.145***	−0.067*	0.378***	−0.038	−0.149***	−0.364***
Cashbased		−0.040	0.096**	0.123***	0.041	−0.047	0.048	−0.206***	−0.132***	−0.024
Equitybased			−0.113***	−0.132***	0.076**	0.040	0.239***	0.242***	0.020	−0.182***
Cturnover1				0.388***	0.049	0.085**	−0.078**	−0.085**	0.064*	0.239***
Cturnover2					−0.051	0.060	−0.048	−0.056	0.017	0.215***
OCF_t						0.001	0.273***	−0.059	−0.026	−0.205***
$Block_t$							−0.149***	0.055	0.073*	0.008
Tobin'sQ_t								−0.024	−0.220***	−0.363***
Dual									−0.014	−0.011
$Size_{t-1}$										0.351***

*、**、***分别表示在 0.10、0.05、0.01 水平上显著（双尾）

2. 不同激励形式对创新投资的影响

表 6.3 的相关性检验结果表明，权益基础激励对创新投资的影响大于现金基础激励，董事长变更次数也会对创新投资产生影响。这部分将通过对模型（6.23）的 OLS 回归来检验以上的结论。

表 6.4 的回归结果 1 表明，现金激励 Cashbased、权益激励 Equitybased 和董事长变更次数 Cturnover1 联合对创新投资水平的解释能力达到 11%，三个变量的系数均在 1%水平上显著。回归结果表明，现金基础激励、权益激励都有助于提高企业的创新投资水平。从权益激励水平与创新投资正相关来看，信息不对称假说未得到支持。因为在信息不对称情形下，权益激励安排有助于降低过度的创新投资，从而使权益激励水平与创新投资负相关。而表 6.4 的检验结果显示，二者呈

正相关关系，表明股东对管理者的监督比较强，这是由于中国上市公司股权比较集中。

表 6.4　薪酬激励、CEO 任期对创新投资的影响：模型（6.23）的 OLS 回归结果

因变量	$Innov_t$				
	1	2	3	4	Equitybased=0
截距	0.027	0.025	0.045	0.044	−0.042
	(19.39)***	(15.75)***	(1.366)	(1.343)	(−1.033 0)
Cashbased	0.306	0.279	0.182	0.152	0.462
	(3.024)***	(2.713)***	(1.885)*	(1.558)	(3.000)***
Equitybased × 10^{-10}	0.139	0.145	0.107	0.111	
	(7.906)***	(8.137)***	(6.101)***	(6.293)***	
Cturnover1	−0.008		−0.004		−0.004 5
	(−3.784)***		(−2.230)**		(−1.782)*
Cturnover2		−0.001		0.001	
		(−0.608)		(0.951)	
OCF_t			0.005	0.006	0.031
			(0.349)	(0.391)	(1.490)
$Block_t$			−0.007	−0.009	−0.032
			(−0.781)	(−1.081)	(−2.565)**
Tobin'sQ_t			0.005	0.005	0.002
			(5.957)***	(5.807)***	(1.921)*
Dual			−0.006	−0.006	−0.013
			(−2.299)**	(−2.168)**	(−3.380)***
$Size_{t-1}$			−0.001	−0.000 4	0.004
			(−0.318)	(−0.264)	(2.190)**
LEV_{t-1}			−0.044	−0.043	−0.044
			(−5.252)***	(−5.921)***	(−4.537)***
Adj.R^2	0.114	0.096	0.243	0.239	0.263
N	675	675	675	675	238

*、**、***分别表示在 0.10、0.05、0.01 水平上显著（双尾）

在信息对称情形下，高管的薪酬激励水平与创新投资正相关，这与 6.2 节的预期相一致。

但回归结果 2 表明，总经理的变更次数与企业的创新投资 $Innov_t$ 不存在显著的相关性，这与相关性分析的结果一致。

表 6.4 中的回归结果 3 和 4 显示了模型在控制了规模 $Size_{t-1}$、负债比率 LEV_{t-1}、成长机会 Tobin'sQ_t、董事长与总经理兼任 Dual 等变量之后，现金激励

Cashbased 的系数和显著性水平都有较大幅度下降，表明企业的现金激励程度受公司规模、成长机会、负债率和监管等因素的影响，而这些因素又会影响企业的创新投资水平。因为，回归结果显示，Tobin'sQ_t 的系数显著为正，这与 Ryan 和 Wiggins（2000）的预期一致。LEV_{t-1} 和 Dual 的系数显著为负，与 Bhagat 和 Welch（1995）、张宗益和张湄（2007）的研究结果一致。

最后，我们在表 6.4 最后一列观察了当公司未安排权益激励（即 Equitybased=0）时，现金基础激励对创新投资的作用。表 6.4 最后一列的结果显示，在控制了公司规模 $Size_{t-1}$、负债比率 LEV_{t-1}、成长机会 Tobin'sQ_t、董事长与总经理兼任 Dual 等变量之后，Cashbased 的系数仍然显著为正，表明当公司未安排权益激励时，现金激励也能起到鼓励创新投资的效果。

3. CEO 任期对创新-激励敏感性的影响

根据表 6.4 的回归结果，董事长的任期会对创新投资水平产生重大影响，而总经理任期对创新投资水平不具影响力，由此，我们有理由相信大部分的样本公司 CEO 由董事长担任。因此，下面我们重点讨论在董事长短任期（Cturnover1>0）和长任期（Cturnover1=0）条件下现金激励和权益激励的效果。

表 6.5 的回归结果显示，不管董事长任期长短，Equitybased 的系数均显著为正，表明权益激励均对创新投资产生重大的影响。在长任期条件下（即 Cturnover1=0 时），Cashbased 的系数不显著，这可能受另一个激励因素 Equitybased 的影响。为此，我们另外以不安排权益激励（即 Equitybased=0）的样本来对模型（6.23）进行回归分析，结果（表 6.5 第三列）显示，Cashbased 的系数显著为正，表明当 CEO 预期的任期较长时，现金激励对创新投资具有刺激作用。这与信息对称情形下的预期相一致。

表 6.5　CEO 任期对创新激励效果的影响：模型（6.23）的分段 OLS 回归

因变量 $Innov_t$	Cturnover1=0		Cturnover1>0	
	全样本	Equitybased=0	全样本	Equitybased=0
截距	0.054	−0.021	−0.102	−0.188
	(1.479)	(−0.459)	(−1.377)	(−1.823)*
Cashbased	0.046	0.487	0.647	0.355
	(0.389)	(2.360)**	(3.990)***	(1.329)
Equitybased × 10^{-10}	0.103		0.350	
	(5.611)***		(4.080)***	
OCF_t	0.007	0.032	0.019	0.004
	(0.444)	(1.353)	(0.645)	(0.099)

续表

因变量 $Innov_t$	Cturnover1=0		Cturnover1>0	
	全样本	Equitybased=0	全样本	Equitybased=0
$Block_t$	−0.002	−0.049	−0.018	−0.013
	(−0.195)	(−3.256)***	(−1.224)	(−0.546)
Tobin'sQ_t	0.005	0.001	0.008	0.011
	(5.117)***	(0.583)	(3.516)***	(3.428)***
Dual	−0.008	−0.013	0.003	−0.003
	(−2.685)***	(−3.126)***	(0.547)	(−0.362)
$Size_{t-1}$	−0.001	0.004	0.006	0.009
	(−0.559)	(1.812)*	(1.595)	(1.909)*
LEV_{t-1}	−0.037	−0.058	−0.033	−0.030
	(−4.439)***	(−4.829)***	(−2.325)**	(−1.555)
Adj.R^2	0.213	0.251	0.478	0.333
N	570	191	105	47

*、**、***分别表示在 0.10、0.05、0.01 水平上显著（双尾）

在 CEO 短任期条件下（即 Cturnoverl>0 时），Cashbased 的系数显著为正，这也可能受另一个激励因素 Equitybased 的影响。以未安排权益激励（即 Equitybased=0）的公司为样本的回归结果（表 6.5 第五列）显示，Cashbased 的系数为正但不显著，表明当CEO预期的任期较短时，单纯的现金激励对创新投资刺激作用很有限。

总结以上的经验结果，可以得出以下结论：①不管 CEO 任期长短，公司创新投资水平与权益基础激励水平正相关。②当 CEO 任期较长时，公司创新投资水平与 CEO 薪酬-业绩敏感性正相关。这与信息对称情形下的预期相一致。③当 CEO 任期较短时，公司创新投资水平与薪酬-业绩敏感性正相关但不显著，这也与信息对称情形下的预期相一致。研究结果表明，CEO 任期是影响公司创新投资水平的重要因素，也是影响激励效果的重要因素。

4. 总结与建议

创新能够通过提高企业的核心竞争力、加快公司对市场的反应速度等来提升股东的价值（Zahra，1996）。尽管如此，如果创新的风险太大，管理者不一定会支持。因此，企业需要设置一套与技术创新特征相匹配的管理层任职与薪酬合约。本章建立了一个模型，考虑了创新的长周期性和不确定性对管理者创新投资决策的影响。模型推导的结果表明：①由于创新具有较高的不确定性，没有激励薪酬安排的管理者的最佳选择是不进行创新投资。②创新具有长周期性的特征，创新投资在早期往往不会获得利润，这导致任期短的管理者在未安排股权激励的情况下会选择放弃创新投资，即使企业给管理者安排了基于现金的薪酬激励契约。③当管理者的任期长于创新项目的回收期或覆盖创新项目寿命期时，如果公司只安排了现金基础薪酬激励机制，由于高管薪酬激励往往具有不对称性，即当业绩增长时高管的奖金随之增加，而当业绩下降时，高管有个保底年薪，其薪酬下降的幅度小于业绩增长时的增长幅度，该种激励机制也能促使管理者加大创新投资。④在股权或期权激励合约安排下，除非业绩标准设置得过高，否则不管 CEO 任期长短，股权激励或期权激励都会促进管理者增加创新投资。

随后进行的实证研究验证了在信息对称情形下理论的预期，实证结果表明，不管 CEO 任期长短，公司创新投资水平与权益基础激励水平正相关。当 CEO 任期较长时，公司创新投资水平与 CEO 薪酬-业绩敏感性正相关。当 CEO 任期较短时，公司创新投资水平与薪酬-业绩敏感性正相关但不显著。研究结果表明，CEO 任期是影响公司创新投资水平的重要因素，也是影响激励效果的重要因素。

本章的研究结果在一些方面与西方文献报告的结果一致，如权益激励（主要是 CEO 持股）与公司创新投资水平正相关，这与 Hansen 和 Hill（1991）、Zahra（1996）的研究结果一致。不同的是，西方文献普遍认为短期基础奖励金制度会抑制经理人对企业创新的追求，但本章的研究发现，当 CEO 预期任期较长时，短期基础的奖励金制度仍然能够对创新投资产生激励作用。最后，本章发现 CEO 任期与创新投资水平正相关，并且 CEO 任期会影响薪酬激励对创新的激励效果，因此，创新型公司应该尽量给管理层签署长期的契约。

第 7 章　股权结构与企业创新

7.1　股权分散度与企业创新：代理成本的角度

公司治理是试图减轻管理者道德风险的一系列制度，包括激励机制和监督。鉴于中国企业股权高度集中、法律对投资者保护较弱、现代企业制度的建设较晚等特点，中国企业的公司治理特点会与股权高度分散且投资者法律保护较强的国家（如美国）里的企业有所不同，公司治理的效果也会不同。根据 La Porta 等的理论，在投资者法律保护较弱的国家里，公司治理效率相对较低（La Porta et al.，1999，2000）。也就是说，当股权分散时，管理者的道德风险几乎是暴露无遗的。但是，有着强烈自利动机的管理者在貌似健全的公司治理环境中不会明目张胆地实施他的自利行为，而是会利用一些冠冕堂皇的借口实施其自利行为，如所谓的为响应政府号召的过度创新投资。在本章我们试图验证股权分散度与企业过度创新投资之间的正相关关系。

创新是企业的一种重要的投资，对该种投资的决策本来应该是由董事会做出的。但由于创新是一种高度专业性的活动，它的成功率、它的先进性、它需要投入的资源多少、它的经济后果等信息基本上掌握在实施创新的技术人员手中，而董事会未必能够知晓。因此，董事会在做创新决策时，会更多听取创新团队成员的意见。也就是说，创新团队对企业的创新投资决策具有重大的影响力。创新团队的部分成员也可能是管理层中的一员。即使创新团队成员都不是管理者，与管理层一样，他们也都是代理人，在利益上具有一致性。例如，公司董事会给管理层和技术人员安排的薪酬激励水平比较低，那么管理者和创新团队成员的薪酬对公司绩效就不敏感。这时候，管理层和创新团队成员通常不会以控制成本为目标。不管什么情况，作为代理人的管理层都希望能够获得较多的公司控制权，以提高他们的权力。当创新项目需要较多的资源支持时，管理层就能够争取到较多的资源控制权力。这时候，他们需要创新团队的配合或串谋，高报创新所需要的资源配置。为此，管理层需要与创新团队分享对配置于创新项目资源的控制，这使创新团队也能够获得更多的可控制资源，为管理层和创新团队各自获取私利提供便利，但也可能由于激励机制上的差异而存在某种程度的利益冲突。例如，公司对管理层设置了较高水平的薪酬激励，而对创新团队设置了较低水平的薪酬激励，那么，管理层与创新团队之间就可能产生利益冲突：创新团队希望掌握更多的创新资源，从资源的使用中获取私利；而管理层则希望创新团队能够提高创新效率，以提高公司的资产报酬率。但是，情况也可能不如此。因为激励水平再高，管理层都只能获得成本节约的一小部分，而当管理层和创新团队争取到过度的资源配置时，他们能够获得过度配置资源的大部分好处，除非管理者拥有大部分的公司股权。

总之，创新投资是管理层同董事会争夺控制权的一个重要途径。当管理层拥有控制权时，就产生了内部人控制。这时候，管理层的创新决策就可能会偏离股东财富最大化的目标，从而产生代理问题。公司治理机制是为了减轻代理问题而设置的。当那些起草和实施重要决定的创新决策者不是剩余收益的主要索取者因而也不承受他们创新决策所带来的财富效应的大部分份额时，创新决策过程中的代理问题的控制就变得重要。这时候，就需要对创新决策的管理（制定和实施）加以积极的外部监督（Fama and Jensen，1983）。而在股权较为分散的条件下，没有股东愿意去对管理层的创新决策实施控制（Grossman and Hart，1980），因此，分散的股权结构会促使管理层实施堑壕而产生代理成本（Berle and Means，1932）。

创新方面的代理成本有两大类四种表现：一是转移公司配置于创新的资源为己有或在职消费；二是偷懒、不尽责。转移创新资源或在职消费都会导致过度创新投资或创新效率低下。偷懒的后果是企业不创新或创新投入少。不尽责也包括不作为、管理不到位、造成浪费最终导致创新效率低下。这四种代理成本中，转移资源和在职消费是最严重的，它们更可能发生在公司治理失效的环境里。日本的公司治理环境相对中国要好一些。但是，Yafeh 和 Yosha（2003）仍然发现了日本化工企业的股权分散度与管理者以私人利益为目的的过度 R&D 投资之间的正相关关系。

创新的代理问题与创新企业所在的治理环境有关。美国是典型的公司股权极端分散的国家，但由于其投资者法律保护很强，公司治理机制有效性高，创新效率比较高。有效的公司治理包含两个方面：一是有效的管理层激励；二是有效的监督。有效的管理层激励应该是将管理者的利益与股东的利益相联系，并且可以容忍管理层短期的失败，鼓励能提升企业未来收益的努力。有效的监督是指董事会能够代表股东的利益，有效降低管理者道德风险。在有效的公司治理环境中，管理层以股东利益最大化作为决策目标即决策体现股东的意志。这时候，分散的股权有利于企业创新，因为股权的分散有利于将创新的风险在大量的投资者中分散掉（Aghion et al.，2013）。这可能就是美国一直是全球创新最活跃的国家的原因之一。近年来，政策制定者也在声明他们关注那些股权集中在家族手上的公司，担心这些公司可能不愿意将资源从他们的传统业务向高风险的新技术转移（Onida，2004）。当然了，也存在另一种声音，认为集中稳定的股权有助于对企业活动保持高度的控制，监督他们的管理层，并持有投资新技术所需要的耐心（Tarr，2010）。这些相反的观点不能说不成立，它们可能存在于个案中，但缺乏微观经济学的证据（Minetti et al.，2015）。

中国的投资者受法律的保护比较弱，在股权分散的情况下，公司治理的有效性难以得到保证。民营大股东的存在可能是减轻创新投资代理问题的有效手段。不过，当股权集中时，大股东对创新投资的态度会对创新决策产生重大的影响。由于创新的风险不能得到有效的分散化，大股东通常对创新投资比较谨慎，这会使他们所控制的公司要么不创新或少创新，要么进行高效的创新。

当股权分散时，由于公司治理的有效性较低，内部人控制会比较严重。缺乏监督的管理者具有较高的道德风险，他们要么偷懒、不尽责，要么实施对公司资源的掠夺或更加安全的在职消费。当一个人的社会地位以其所拥有的财富为标准时，监督机制的缺乏会使管理者的欲望极大地释放，企业所面临的管理者道德风险也会极大化。这个时候，管理者更可能借口创新投资实施对企业资源的掠夺或在职消费。因此，可以预见到，当公司股权分散时，创新投资会高而创新产出会低。

根据以上分析，我们提出以下假设。

$H_{7.1}$：公司的创新投资水平与股权分散度正相关。

$H_{7.2}$：公司的创新效率与股权分散度负相关。

$H_{7.3}$：公司的过度创新水平与股权分散度正相关。

7.2　股权分散度与企业创新：实证检验

1. 研究样本与数据来源

本节选取 2009~2013 年创业板上市公司作为初始研究样本，并按照以下原则剔除相关数据：①剔除 ST 公司；②剔除相关数据缺失的样本。经过上述筛选后，我们共获得 314 家创业板公司的 878 个样本，其中 2009 年 38 个样本，2010 年 126 个样本，2011 年 205 个样本，2012 年 252 个样本，2013 年 257 个样本。专利数据实际上用到 2015 年。选取民营创业板上市公司作为研究样本基于以下考虑：①避免受行业因素的影响。主板市场中许多公司因其所在行业的特性而有比较少的创新投资，如水、电、矿产等资源类的企业，以及房地产、餐饮等行业中的企业。这些企业的创新投资相对较少，而股权相对比较集中。如果不剔除这些企业，可能会产生创新投资与股权结构之间的伪相关关系。②创业板公司的 R&D 和专利申请数及获批数的数据因信息披露的要求比较全面。③2008 年以后上市的创业板国有控股上市公司数量太少，难以检验股权结构与过度创新投资的关系。本节的数据均来自色诺芬数据库。

2. 过度创新投资的度量

过度创新投资是指公司 R&D 的费用较高而申请或获批的专利数量较少。即给定某一数量的专利申请数，较高的 R&D 投资与过度创新投资相关联。过度创新投资是创新效率低下的成因，而创新效率低下则是过度创新投资的表现形式。本节用申请专利权的数量与 R&D 费用之间的相关系数来度量创新效率。二者较低的相关系数意味着较低的创新效率。实际上，由于创新具有较高的不确定性，创新的投入未必要产生相应的产出——专利。但创新投入一定与创新机会相关，也受公司现金持有量和经营现金流量的影响，也与公司规模有关。考虑这些因素之后，我们假定 R&D 费用与申请专利数量间存在固定的关系。我们用公司的销售增长率来代表创新机会，用以下模型来模拟正常的创新投资水平：

$$\begin{aligned}\ln \mathrm{R\&D}_t = {} & \alpha_0 + \beta_1 \mathrm{Size}_{t-1} + \beta_2 \mathrm{CFOA}_{t-1} + \beta_3 \mathrm{CashOA}_{t-1} + \beta_4 \mathrm{Growth}_{t-1} \\ & + \beta_5 \mathrm{LEV}_{t-1} + \beta_6 \mathrm{Patent}_t + \beta_7 \mathrm{Patent}_{t+1} + \beta_8 \mathrm{Patent}_{t+2} + \varsigma_t\end{aligned} \tag{7.1}$$

回归模型（7.1）后所得的残差 ς_t 即为过度创新投资的水平。

模型（7.1）中，$\ln\mathrm{R\&D}_t$ 为公司 t 年（当年）R&D 费用+1 的自然对数值；Size_{t-1} 为公司上年度总资产的自然对数值；CFOA_{t-1} 为公司上年度经营现金流量除以公司总资产；CashOA_{t-1} 为公司上年度的货币资金除以总资产；Growth_{t-1} 为公司本年度销售收入除以上年度销售收入再减去 1。Patent_t、Patent_{t+1}、Patent_{t+2} 分别表示公司本年度、下年度、再下年度获批的专利权数量。为了消除规模的影响，我们对残差 ς_t 进行标准化处理：将其除以本年总资产的自然对数 Size_t 来度量过度创新投资，即 $\mathrm{OverRD}_t = \varsigma_t / \mathrm{Size}_t$。

3. 经验模型

用于检验 $\mathrm{H}_{7.1}$ 的模型如下：

$$\begin{aligned}\mathrm{RDOA}_t = {} & a_0 + a_1 \mathrm{DISPER}_t + a_2 \mathrm{Compensation}_t \\ & + a_3 \mathrm{MHLD}_t + \sum a_i \mathrm{Control}_i + \varepsilon_t\end{aligned} \tag{7.2}$$

其中，RDOA_t 为创新投资水平，由 R&D 支出除以年初总资产进行标准化；DISPER 表示股权分散度；$\mathrm{Compensation}_t$ 表示前三名高管当年薪酬的自然对数值；MHLD_t 表示管理层持有公司股权的比例；$\mathrm{Control}_i$ 为控制变量，包括规模 Size_{t-1}、负债比率 LEV_{t-1}、上年度经营现金流量 CFOA_{t-1}、年初现金持有量 CashOA_{t-1} 和销售增长率 Growth_{t-1}。我们预期股权分散的公司有更高的 R&D 投入，即预期 a_1 显著为正。

用于检验 $\mathrm{H}_{7.2}$ 的模型如下：

$$\begin{aligned}\mathrm{RDOA}_t = b_0 + b_1\mathrm{Patent12} + b_2\mathrm{DISPER}_t + b_3\mathrm{DISPER}_t \times \mathrm{Patent12} \\ + b_4\mathrm{Compensation}_t + b_5\mathrm{MHLD}_t + \sum b_i\mathrm{Control}_i + \xi_t\end{aligned} \tag{7.3}$$

其中，Patent12 为公司投入创新之后两年申请专利权数的总和+1 的自然对数值。其他的变量如同模型（7.2）。当创新投资的效率比较低时，一定的创新投入会带来更少的专利，即当模型（7.3）中 b_3 显著为负时，表明股权分散的公司创新投资的效率比较低。

用于检验 $\mathrm{H}_{7.3}$ 的模型如下：

$$\begin{aligned}\mathrm{OverRD}_t = c_0 + c_1\mathrm{DISPER}_t + c_2\mathrm{Compensation}_t + c_3\mathrm{MHLD}_t \\ + c_4\ln\mathrm{Boardsize}_t + \tau_t\end{aligned} \tag{7.4}$$

其中，$\ln\mathrm{Boardsize}$ 表示公司董事会总人数的自然对数值；当回归的 c_1 显著为正时，表明股权分散的公司过度创新投资的程度更高。

以上各模型的变量定义如表 7.1 所示。

表 7.1 主要变量定义表

变量类型	变量符号	变量名称	变量定义
被解释变量	RDOA_t	创新投资	$=\mathrm{R\&D}_t/\mathrm{Assets}_{t-1}$，即第 t 年发生的 R&D 支出除以年初总资产
	OverRD_t	过度创新投资	$=\varsigma_t/Size_t$，ς_t 由模型（7.1）回归得到
自变量	DISPER	股权分散度	=1− 第一大股东持股比例
	Patent12	创新成果	t+1 和 t+2 年度申请专利数之和加 1 的自然对数值
	$\mathrm{DISPER}_t \times \mathrm{Patent12}$	股权分散创新效率	股权分散度与 Patent12 的交叉乘
控制变量	Size_{t-1}	公司规模	=上一年末总资产的自然对数值
	CFOA_{t-1}	经营现金流量	（总利润+财务费用+折旧− 所得税）/期末总资产
	LEV_{t-1}	负债比率	=上年末负债总额/上年末总资产
	CashOA_{t-1}	现金持有量	=上年末货币资金余额/上年末总资产
	Growth_{t-1}	成长性	=本年度营业收入/上年度营业收入− 1
	$\mathrm{Compensation}_t$	薪酬激励	前三名高管薪酬总额的自然对数值
	MHLD_t	高管持股	管理层持有的股权比例
	$\ln\mathrm{Boardsize}$	董事会规模	董事会总人数的自然对数值

4. 实证结果

1）描述性统计分析

2009~2013 年创业板民营上市公司创新支出占总资产的比率 $RDOA_t$ 平均达到 3.30%，最低只有 0.17%，最高则达 38.46%（表 7.2）。过度创新投资占总资产的比重（$OverRD_t$）均值接近于 0，这与过度创新投资的 OLS 估计方法有关。估计的过度创新投资水平最高为总资产的 10.41%。过度创新最多的公司总资产规模为 2.57 亿元，过度创新投资最高年度的 R&D 支出达 9 800 多万元，占总资产的比重 38.46%，其中过度创新投入达到 2 600 万元。该公司在下一年度申请了 5 项专利，再下一年申请了 6 项专利，而样本公司平均的专利数为 15.27 个，中位数是 8 个，说明该公司创新效率比较低。该公司第一大股东持股比例为 19.82%，公司股权结构比较分散。公司高管薪酬比较低（前三名高管的薪酬只有 149 万元），但前三名高管持股比例达 21.42%，形成内部人控制。

表 7.2　变量的描述统计

变量	N	均值	中值	最小值	最大值	标准差
$lnR\&D_t$	878	16.885	16.790	14.279	19.740	0.772
$RDOA_t$	878	0.033 0	0.025 2	0.001 7	0.384 6	0.027 4
$OverRD_t$	878	− 0.000 3	− 0.002 9	− 0.119 3	0.104 1	0.028 2
$Patent_t$	878	15.27	8.0	0.0	377	27.009
$Patent_{t+1}$	878	16.79	8.0	0.0	377	27.940
$Patent_{t+2}$	878	16.22	9.0	0.0	176	21.835
Patent12	878	2.884 1	2.944 4	0.000 0	6.317 2	1.210 9
DISPER	878	0.659 0	0.678 8	0.101 5	0.941 5	0.134 7
$Size_{t-1}$	878	20.727	20.687	18.811	22.819	0.595
$CFOA_{t-1}$	878	0.081 2	0.075 8	− 0.389 9	0.475 1	0.052 2
LEV_{t-1}	878	0.206 4	0.168 1	0.011 0	0.746 0	0.142 1
$CashOA_{t-1}$	878	0.423 4	0.408 5	0.025 8	0.924 7	0.209 6
$Growth_t$	878	0.064 3	0.052 3	− 0.412 7	1.236 7	0.086 3
$Compensation_t$	878	13.882	13.875	12.396	16.398	0.556
$MHLD_t$	878	0.424 1	0.464 9	0.000 0	0.811 7	0.197 6
ln Boardsize	878	2.103 8	2.197 2	1.609 4	2.639 1	0.168 6

样本公司股权结构普遍存在分散化现象，第一大股东持股比例平均为 34.10%（1− 65.90%），中位数为 32.12%，最低只有 5.85%。从表 7.3 的相关性分析发现，公司股权分散度 DISPER 与公司现金持有量 $CashOA_{t-1}$ 呈显著正相关关系，表明股权越是分散的公司，管理层面临的道德风险越严重。正因为如此，股权分

散程度高的公司很可能会存在过度创新的问题，表 7.3 的相关性分析结果表明情况确实如此：DISPER 与 $OverRD_t$ 显著正相关。

表 7.3　主要变量间的 Pearson 相关性分析

变量	DISPER	$Compensation_t$	$MHLD_t$	$CashOA_{t-1}$	$Size_{t-1}$	Patent12
$OverRD_t$	0.106***	0.229***	− 0.009	0.006	− 0.008	0.041
DISPER		0.105***	0.037	0.123***	0.072**	− 0.060*
$Compensation_t$			− 0.137***	− 0.013	0.344***	0.135***
$MHLD_t$				0.182***	− 0.255***	− 0.002
$CashOA_{t-1}$					− 0.081**	0.040
$Size_{t-1}$						0.174***

*、**、***分别表示在 0.10、0.05、0.01 水平上显著（双尾）

样本公司的财务状况良好，LEV 均值是 20.64%，最低只有 1.10%。可见，样本公司创新投资面临的融资约束较低。但样本公司现金持有量水平过高，现金占总资产比重均值为 42.34%，中位数达到 40.85%，这有可能进一步导致公司代理问题，产生过度创新投资现象。当然，现金持有量高未必带来过度创新，因为有效的公司治理能够抑制管理层通过过度创新来获取私利。另外，管理层也可能通过其他手段来从过多的现金持有中获利。因此，$CashOA_{t-1}$ 与 $OverRD_t$ 不存在显著的相关关系并不是不可解释的现象。

2）过度创新投资的估计

表 7.4 是过度创新投资的估计结果。模型的因变量是公司 t 年 R&D 费用+1 的自然对数值 $\ln R\&D_t$。一个公司一年的 R&D 支出水平与公司规模 $Size_{t-1}$ 有关，与公司的投资机会（用销售增长率 $Growth_{t-1}$ 代表）有关。R&D 支出越高，公司未来获得专利数量也就越多。表 7.4 的结果显示，本年的 R&D 支出与本年公司申请的专利 $Patent_t$ 显著正相关，与两年后公司申请的专利 $Patent_{t+2}$ 显著（10%水平）正相关。当然，$Patent_t$ 不太可能是 $\ln R\&D_t$ 的果，而可能是因，即当年产生的专利越多，公司董事会或股东越是受到鼓舞而加大创新投资。

表 7.4　过度创新投资的估计：模型（7.1）的回归结果

A 区：模型回归结果		
变量	系数	t 统计值
constant	− 0.340	− 0.453
$Size_{t-1}$	0.827***	22.806
$CFOA_{t-1}$	2.168***	3.311
LEV_{t-1}	− 0.160	− 0.813
$CashOA_{t-1}$	0.012	0.101

续表

A 区：模型回归结果					
变量	系数		t 统计值		
$Growth_{t-1}$	0.919**		2.189		
$Patent_t$	0.003***		3.129		
$Patent_{t+1}$	0.001		1.182		
$Patent_{t+2}$	0.002*		1.702		
Adj.R^2	0.454				
B 区	均值	中值	最小值	最大值	标准差
残差描述性统计	−0.007 0	−0.058 4	−2.462 2	2.015 4	0.584 0

*、**、***分别表示在 0.10、0.05、0.01 水平上显著（双尾）

3）股权分散对创新投资的影响

现有的文献对股权结构与创新投资（效率）关系的说法不一。Hill 和 Snell（1988）对财富 500 强中的 94 家 R&D 密集型企业进行实证研究，研究结果发现，股权集中的企业，创新投资更易得到支持；R&D 费用与股权的集中度存在很强的正相关关系。Francis 和 Smith（1995）研究了股权集中度对创新投资和创新产出（专利数）的影响，研究结果发现，股权分散的企业在创新投资和创新产出方面都要显著低于股权集中的企业。Hosono 等（2004）以日本机械制造企业为研究样本，研究了股权结构对 R&D 投入的影响，结果表明，大股东的持股比例与 R&D 投入正相关。Lee 和 O'Ncill（2003）对比研究了日本和美国股权结构对 R&D 投资的影响。他们认为，由于文化等方面的差异，这两个国家的代理问题并不一样，需要用不同的理论进行解释。代理理论能够解释美国的代理问题，但是不能充分解释日本的情况。相比代理理论，现代管家理论（stewardship theory）更能解释日本的代理问题。基于这两种不同的理论，他们假设美国的股权集中度与 R&D 投资正相关，而日本的股权集中度与 R&D 投资无关，并在实证检验中得到证实。Chen 等（2014）以中国上市公司为研究样本，研究新兴市场国家股权结构对技术创新投资的影响，研究结果表明，股权集中度与技术创新投资之间存在倒“U”形关系。他们认为在股权高度集中的情况下，控股股东为了规避其个人风险，在创新投资方面会从风险中性转为风险规避型，从而降低了公司整体的创新投资水平。还有一种结论认为，股权集中度的提高能够减少管理者以私人利益为目的的过度 R&D 投资（Yafeh and Yosha，2003）。国内的文献提供的结论并不统一。赵洪江等（2008）、杨勇等（2007）的研究发现，股权集中度对公司的创新投入具有显著的正向作用。张洪辉等（2010）也发现，公司控股股东对创新效率产生正面影响。冯根福和温军（2008）研究表明股权集中度与企业技术创新存在倒“U”形关系。与此截然相反，陈隆等（2005）得出了股权集中度与企业技术创新投资存在正“U”形关系的结论。

本章的实证结果支持了 Yafeh 和 Yosha（2003）的说法，即股权集中度的提高能够减少管理者以私人利益为目的的过度 R&D 投资，从而使股权分散度与创新投资水平显著正相关（表 7.5 中 DISPER 的系数在 1%水平上显著为正）。我们的结果与许多国内的研究结果不一致，原因除了选择的样本不同以外，是否将样本公司终极所有者区分为国有与民营也会对结果产生重大的影响。国有控股的上市公司创新投资行为与股权集中度（分散度）之间的关系由于政府的行政干预以及代理关系、企业目标不清晰而难以可靠地预期，因而得出不同的结论并不令人惊讶。

表 7.5　股权分散对创新投资的影响

因变量：$RDOA_t$		
变量	系数	t 统计值
DISPER	0.017***	2.703
$Size_{t-1}$	−0.009***	−5.370
$CFOA_{t-1}$	0.136***	4.882
LEV_{t-1}	0.011	1.343
$CashOA_{t-1}$	0.007	1.231
$Growth_{t-1}$	0.023	1.272
$Compensation_t$	0.011***	6.727
$MHLD_t$	0.002	0.536
constant	0.036	1.053
Adj.R^2	0.197	
N	878	

***表示在 0.01 水平上显著（双尾）

我们的实证结果还显示，虽然样本公司的负债比率不高，见表 7.2 的统计结果，但创新投资仍然对经营现金流敏感（表 7.5 中 $CFOA_{t-1}$ 的系数显著为正），即创新投资也存在融资约束。若果真如此，当公司的经营现金流较高时，保持较高的负债比率有助于抑制管理层机会主义过度创新行为。

4）股权分散对创新效率的影响

正如我们预期的那样，当公司的股权结构较分散时（当第一大股东持股比例低于 20%时，我们认为公司的股权结构过于分散，这时 D_DISPER_t 取值为 1，当第一大股东持股比例高于 20%时，D_DISPER_t 取值为 0），一定的 R&D 支出对应着较低的专利产出（表 7.6 中 $D\_DISPER_t \times Patent12$ 的系数显著为负），说明股权结构越是分散公司的创新投资效率越低。这个结果支持了股权分散公司的治理不佳这一假说，也支持了管理层有利用过度创新投资获取私利倾向的假说。

表 7.6　股权分散对创新效率的影响

因变量：$RDOA_t$		
变量	系数	t 统计值
Patent12	0.003***	3.546
DISPER	0.019***	3.000
$D\_DISPER_t \times Patent12$	−0.005*	−1.788
$Size_{t-1}$	−0.009***	−5.365
$CFOA_{t-1}$	0.128***	4.563
LEV_{t-1}	0.009	1.111
$CashOA_{t-1}$	0.005	0.974
$Growth_{t-1}$	0.028	1.563
$Compensation_t$	0.010***	6.353
$MHLD_t$	0.002	0.510
constant	0.041	1.174
Adj.R^2	0.208	
N	870	

*、***分别表示在 0.10、0.01 水平上显著（双尾）

表 7.7 直接检验了股权分散度与创新投资之间的关系，DISPER 的系数在 1%的水平上显著为正，表明股权结构越是分散的公司过度创新投资的幅度越大，这与我们的 $H_{7.3}$ 相符。表 7.7 的检验结果还显示，较大的董事会规模有降低过度创新投资的作用。$MHLD_t$ 的系数不异于 0，表明管理层持股对过度创新投资不存在抑制作用。

表 7.7　股权分散与过度创新投资

因变量：$OverRD_t$		
变量	系数	t 统计值
DISPER	0.020***	2.838
$Compensation_t$	0.012***	6.817
$MHLD_t$	0.001	0.159
ln Boardsize	−0.011*	−1.915
constant	−0.151***	−5.876
Adj.R^2	0.059	
N	878	

*、***分别表示在 0.10、0.01 水平上显著（双尾）

5）稳健性测试

最后，我们以企业发生 R&D 之后一至两年的专利申请数之和的自然对数作为因变量，以 R&D 投入水平 $RDOA_t$ 作为自变量来检验不同股权结构下专利申请数与 R&D 投入之间的比例关系，作为创新投资效率的稳健性测试。表 7.8 的回归结果表明，当不存在控制性股东（此时 D_DISPER_t 取值为 1）时，公司的创新投资效率明显较低，因为 $D\_DISPER_t \times RDOA_t$ 的系数显著为负，表明相比股权较集中、存在控制性大股东的公司，股权分散的公司每投入 1 个资产单位的 R&D 支出，产生的专利要少 7.53 个。当然，这个估计是有偏的，因为模型没能很好地控制所有影响创新效率的要素，如薪酬、管理层持股、董事会规模等。模型中不包含这些变量与 $RDOA_t$ 的交叉乘，原因是会产生比较严重的多重共线性。因此，我们在正式的检验测试中使用了倒装的模型（7.3），使模型的回归结果更加可靠。起码，两个模型在股权分散与创新投资效率之间的关系上结论是一致的。

表 7.8 股权分散对创新投资效率的影响：稳健性测试

因变量：Patent12		
变量	系数	t 统计值
$RDOA_t$	8.378***	4.523
D_DISPER_t	0.151	0.949
$D\_DISPER_t \times RDOA_t$	−7.530**	−2.377
$Size_{t-1}$	0.428***	5.568
LEV_{t-1}	−0.271	−0.942
$Compensation_t$	0.099	1.248
$\ln Boardsize_t$	−0.516**	−2.107
constant	−6.484***	−4.191
Adj.R^2	0.058	
N	878	

、*分别表示在 0.05、0.01 水平上显著（双尾）

5. 结论

在投资者保护法律较弱的环境里，公司治理的效率是难以保证的。即使政府致力于引导企业建立健全公司治理机制，但俗话说，上有政策，下有对策。政府要求上市公司董事会中必须有三分之一以上的独立董事。但独立董事的津贴是由公司支付的，独立董事实际上很难与公司的董事长相互独立，而许多公司的董事长是公司的 CEO。许多公司也会偏向于聘请与董事长关系密切的人员担任独立董事。这样的董事会比纯粹由股东发起设立的董事会更容易形成“一言堂”，从而降低了董事会的监督效率。在企业创新投入方面，陈隆等（2005）发现独立董事比例与 R&D 费用负相关，而张宗益和张湄（2007）、冯根福和温军（2008）却发现独立董事比例与 R&D 费用显著正相关。张宗益和张湄（2007）还发现董事长与总经理两职合一对 R&D 具有显著的正向影响。就如本节所讨论的那样，企业有较高的 R&D 未必是好事，它可能意味着企业过度创新，可能是代理成本高的表现。

当投资者法律保护较弱时，股权集中可以是一种所缺失法律的替代（La Porta et al.，1999）。本节的研究结果表明，股权集中有助于降低公司管理者的代理成本，降低管理层通过过度创新获取私利的可能性，从而使公司在 R&D 支出方面金额较低，却有着较高的专利申请数，即股权集中有助于提高公司的创新投资效率。

7.3　机构投资者持股与企业创新

我们一直强调，企业创新是一个技术性很强的过程，创新的成功性具有很大的不确定性。这两个特色决定了企业创新的决策权更多地掌握在管理层手里，但管理者很容易以创新成功的不确定性为借口来实施对公司资源的掠夺而不承担企业损失的责任。可见，对创新的治理是个很重要的课题。我们前面讨论了管理者薪酬契约的设计、股权结构、董事会结构和公司内部控制对企业创新投资行为的影响。我们发现，即使政府在呼吁并鼓励企业创新，管理者也因此会积极响应，但在投资者法律建设还很薄弱的环境里，对公司管理层的控制是不可或缺的。因此，股权相对集中是必要的，建立健全企业的内部控制制度也是必要的。同时，对管理层进行长契约的现金激励或股权激励（包括期权激励和授予限制性股票）是解决监督有可能挫伤管理者创新积极性这一矛盾的有力手段。但目前已经有越来越多的学者关注机构投资者对公司的治理作用，进而探讨机构投资者的积极监督对企业创新会产生何种影响。因此，本章专门讨论机构投资者的持股对公司创新产生怎样的影响。

机构投资者在西方股权分散国家里越来越积极，这是由于消极的投资在有效的资本市场下很难获得超常收益。积极的机构投资者正在寻求主动出击，通过主动的监管来提高公司的业绩，从而获得更高的投资回报。但是在中国，股票市场并非有效，机构投资者能够以其信息优势和资金优势从股票市场中获得超常收益，因此，机构投资者应该是没有必要去主动监管公司管理者，因为监管是需要成本的，而其他的股东坐享其成，况且大部分上市公司的股权比较集中，除非进行控制权争夺，否则机构投资者很难接管公司，干预公司的管理。

虽然中国的机构投资者更多的是消极的投资者，但机构投资者的投资也会与公司的创新投资存在关联关系。从机构选股的角度来看，一方面，机构投资者可能因为其对风险的厌恶使机构持股与公司的创新投资呈负相关关系①；另一方面，对于那些在信息的获取方面没有优势且选股能力较低的机构投资者，追逐风险是他获得较高投资收益从而迷惑基金投资者的手段之一，这时，机构持股与公司的创新投资会呈正相关关系。从机构持股对公司经营行为的影响的角度来看，机构对具有某类特征或投资行为的公司的偏好可能会引导公司管理层为了更好的股价表现、更好的分析师评价而去追求某种特征或进行某种投资行为。因此，机构对企业创新投资的偏好也会引导那些关注股票价格的公司管理层更多地进行创新投资。

总之，机构投资者对公司创新投资的影响或与公司创新投资的关系比较复杂，各种结果都有可能。例如，Graves（1988）观察到机构持股与公司 R&D 投资密度存在负相关关系，而其他的研究却发现二者存在正相关关系（Jarrell et al.，1985；Baysinger et al.，1991；Hansen and Hill，1991；Kochhar and David，1996）。负相关关系提供了机构投资者"短视"的假说而正相关关系支持了机构投资者监管积极的假说。虽然许多研究关注了机构持股对 R&D 投资的影响，但很少关注创新过程的实际生产率（Francis and Smith，1995；Bushee，1998；Eng and Shackell，2001）。Kochhar 和 David（1996）认为机构投资者对新产品的开发率有负面影响，相比那些对压力敏感（pressure-sensitive）的机构，那些反压力（pressure-resistant）的机构更可能对新产品开发率产生正向影响。Hoskisson 等（2002）调查了 1985~1991 年 234 家不同行业报告了 R&D 支出的公司，发现不同类型的机构投资者显然对公司的创新战略有不同的偏好。具体来讲，公共养老基金展示出对内部创新（公司 R&D 强度和新产品强度）的偏好，而专业的投资基金展示出对获取外部创新（从外部取得新产品、从外部购买新产品生产工艺，通过并购建立起新市场）感兴趣（Hitt et al.，1990，1996，2001；Scharfstein and Stein，1990；Wahal，1996）。这些偏好进一步受到董事会活动的影响。

国内的许多文献更多地支持机构持股与企业创新投资呈正相关关系。冯根福和温军（2008）以研销比作为公司技术创新的衡量指标，研究上市公司治理与公司技术创新之间的关系，结果表明以证券投资基金为主的机构投资者持股比例越高，公司的技术创新能力越强。任海云（2010）对股权结构和企业 R&D 投入的

① Falkenstein（1996）曾指出成熟的基金经理会利用自身的优势寻找最优的投资组合，因此一旦企业经营不善、业绩下滑，基金经理会选择调整投资组合，客观上对被投资企业不确定性高、投资期限长的 R&D 活动产生不利影响。Samuel（1996）以制造业行业的公司为样本，结果发现机构投资者对资本支出有显著的正向影响，而对 R&D 支出却是负向影响。

关系进行研究时发现，机构投资大股东和 R&D 强度之间不存在显著关系。梁帆（2015）以 2009~2011 年创业板企业为研究样本，发现机构投资者对于 R&D 投入有明显的促进作用，而且在创业板企业中的影响明显强于其他板块上市公司。赵洪江和夏晖（2009）选取电子、信息服务等六个行业为研究样本，利用 R&D 支出占销售收入的比重为创新投入的代理变量，发现我国机构投资者整体对上市公司创新投入的影响并不显著，将其进一步划分后发现只有压力抵抗型机构投资者才会对企业创新投入发挥正向效应。此外，他们也检验了两者之间的反向影响，证明企业的创新行为会影响到一些机构投资者的投资决策。范海峰和胡玉明（2012）以制造业上市公司 R&D 数据为对象，发现不管是从机构投资者整体持股角度还是从其中的证券投资基金角度，结果都证实他们能促进被投资企业的 R&D 支出，并且这种促进作用受到产权性质和市场化程度的影响。国内的许多研究不够严谨，没有考虑机构投资者的投资决策有可能受企业投资行为的影响，片面地将机构持股与公司 R&D 支出之间的正相关关系解读为机构投资对企业创新的促进作用。而且，正如我们在前面章节所指出的那样，企业创新有时候本身是个代理问题，是管理者掠夺公司资源的一种途径。因此，不考虑企业创新产出或者公司业绩的研究是不够严谨的，所得结论可能与事实不符。

第 8 章 董事会结构与企业创新

8.1 理论分析及预期

创新是企业的一种重要的投资，对该种投资的决策本来应该是由董事会做出的。但是，7.1 节的研究表明，当股权分散时，较弱的公司治理会使管理层掌握创新的决策权。再加上创新是一种高度专业性的活动，它的成功率、它的先进性、它需要投入的资源多少、它的经济后果等信息基本上掌握在实施创新的技术人员手中，而董事会未必能够知晓。因此，董事会在做创新决策时，会更多听取创新团队成员的意见。也就是说，创新团队对企业的创新投资决策具有重大的影响力。然而，有时候可能会有其他的情况出现，如董事会中有懂技术的董事存在的话，董事会是否会掌握创新的决策权呢？这是个值得研究的课题。

在已有的研究文献中，董事会对公司经营的影响归结起来主要有三个方面。一是代理观下的监督作用。代理理论认为，由于现代企业的所有权与控制权分离，管理者的利益往往与股东的利益不一致，因此需要设置代表股东利益的董事会来监督管理者的行为。基于董事会成立的基本目的，董事会多元化的基本目的也是加强董事会的监督功能。拥有该观的学者视董事会为拥有不同见解、不同嗜好的个人组成的团体，董事会成员的行为受社会契约和权力关系的影响。因此，董事会成员的构成特征会影响董事会监督职能的发挥。例如，有研究认为，拥有财务专长的董事会对抑制盈余操纵等经理人机会主义行为具有一定的作用。在投资方面，在代理观下，拥有有技术专长的董事可能会对过度的创新投资或创新投资不足具有抑制作用。

二是资源依赖观。在这一观点下，董事被视为公司的重要资源，如作为重要外部人（监管者、供应商、金融机构等）的纽带、建议者和法律顾问。当董事被视为资源的提供者时，董事会多元化变得尤其重要。Hillman 和 Dalziel（2003）同时应用代理观和资源依赖观来讨论董事会构成与公司业绩之间可能的相关关系。当今的经济学家和管理学家都倾向于认为董事会拥有监督和咨询双重角色

（Ferreira，2010）。按照这个观点，当董事会拥有有技术专长的董事时，公司会适中地进行创新投资。

三是管理者权力观。该观点认为，虽然董事会拥有监督的职能，但董事会是否会有效地履行这些职能仍然是个颇具争议的问题。强势的经理人更可能会对董事的任命过程施加影响以使那些董事更趋于帮助他们达到自我服务的目标（Hermalin and Weisbach，1998）。例如，Westphal 和 Zajac（1995）认为，CEO 更喜欢与人口特征相似的董事打交道，他们发现，当 CEO 与董事在人口特征上相似时 CEO 的薪酬较高。管理者权力观视董事会构成为经理人选择的结果，以达到降低董事会监督效果的目的。按照管理者权力观，偏好创新投资的管理者更倾向于选择具有技术专长的董事以帮助管理者说服董事会进行创新投资，即董事会拥有有技术专长的董事时，公司更可能会过度地进行创新投资，即拥有有技术专长的董事与企业过度创新投资正相关。

在中国，有较多的文献支持管理者权力观。例如，权小锋等（2010）发现，中国国企高管通过其权力获取超常薪酬。方军雄（2011）认为管理者权力导致了中国上市公司高管薪酬与业绩敏感性的非对称性。黄志忠和郗群（2009）认为，总经理在董事会中任职会降低股东对高管的约束，高管权力越大其薪酬越高而激励越弱。所有这些研究的结果都意味着中国上市公司高管确实在某种程度上左右了董事的选取与任命，尤其是对独立董事的任命，并从中获得了私人利益。因为拥有技术专长的内部董事往往来源于公司内部管理层，属于企业的内部人，他们通常不独立于管理层。因此，管理层更倾向于争取独立董事的支持，使拥有有技术专长的独立董事的公司更可能会进行过度创新。

8.2　经 验 证 据

我们以南京大学研究生曹静宇（2017）的硕士学位论文的实证结果来作为本章观点的证据。所选的样本是 2011~2013 年 A 股制造业公司 965 个年度样本，主要数据来源于 CSMAR®中国股票市场交易数据库（CSMAR®China Stock Market Trading Database），技术型独立董事的数据经由手工收集而得。在实证检验过程中，对变量进行了 1%的 Winsorize 处理。

他先由以下模型估计正常的 R&D 支出，残差即为过度创新投资水平：

$$\frac{\mathrm{R\&D}_{it}}{A_{i,t-1}}=\alpha_0+\alpha_1\frac{1}{A_{i,t-1}}+\alpha_2\frac{\mathrm{Sales}_{i,t-1}}{A_{i,t-1}}+\varepsilon_{it} \tag{8.1}$$

其中，$\mathrm{R\&D}_t$ 为第 t 年的 R&D 支出金额；A_{t-1} 为 $t-1$ 期企业年末的总资产值；

$Sales_{t-1}$ 为 t–1 期企业的销售额（营业收入）。

过度创新投资水平为

$$\text{OverRDinv}_{it} = \varepsilon_{it} = \frac{\text{R\&D}_{it}}{A_{i,t-1}} - \hat{\alpha}_0 - \hat{\alpha}_1 \frac{1}{A_{i,t-1}} - \hat{\alpha}_2 \frac{\text{Sales}_{i,t-1}}{A_{i,t-1}} \quad (8.2)$$

其中，$\hat{\alpha}_0$、$\hat{\alpha}_1$和$\hat{\alpha}_2$为式（8.1）的相应系数估计值。

用于检验理论预期的模型如下：

$$\text{OverRDinv}_{it} = \beta_0 + \beta_1 \text{TECHID}_{it} + \sum_j \beta_j \text{Controls}_{it} + \nu_{it} \quad (8.3)$$

其中，$TECHID_{it}$ 为公司董事中拥有技术专业的独立董事的比例（或哑变量）；$Controls_{it}$ 为控制变量，包括公司规模 $Size_{it}$、营利能力 PGR_{it}、偿债能力 LEV_{it}、董事会议 $Meet_{it}$、高管持股比例 MHR_{it}、独董比例 IDR_{it}、股权集中度（用前五大股东持股比例之和来代表）$BLOCK_{it}$、投资机会 PB_{it} 和控制类型 SOE_{it}。所谓拥有技术专业的独立董事是指某个独立董事具有与所属行业相关的专业技术职称，如建筑行业的建筑工程师，医药行业的医药师等；曾经在同行业其他公司任技术岗位的，以及曾在相关协会任职的。变量的定义如表 8.1 所示。

表 8.1　主要变量定义表

变量类型	变量名称	变量符号	变量定义
被解释变量	过度创新投资	$OverRDinv_{it}$	由式（8.1）和式（8.2）估计而来
主要解释变量	技术型独董	$TECHID_{it}$	技术独董占独立董事的比例
	当地技术独董	$LocalTEID_{it}$	哑变量，当技术独董工作地与上市公司注册地一致时取 1，否则取 0
	技术独董薪酬	$TEIDpay_{it}$	技术独董平均薪酬自然对数
	技术独董年龄	$TEIDAGE_{it}$	技术独董平均年龄自然对数
控制变量	公司规模	$Size_{it}$	年末总资产自然对数
	营利能力	PGR_{it}	年度营业利润增长率
	偿债能力	LEV_{it}	资产负债率
	董事会议	$Meet_{it}$	董事会会议次数
	高管持股比例	MHR_{it}	高管持股数/总股数
	独董比例	IDR_{it}	独立董事人数/董事会人数
	股权集中度	$BLOCK_{it}$	前五大股东持股比例之和
	投资机会	PB_{it}	市净率
	控制类型	SOE_{it}	若为国企为 1，否则为 0

表 8.2 是变量的描述性统计。$OverRDinv_{it}$ 的平均值为 0.012，而中位数是 −0.011，说明过度创新投资的分布是有偏的（左偏特征），最大值达到营业收入的 66.1%，而最小值只有营业收入的−8.4%，说明中国 A 制造业上市过度创新投

资是比较严重的现象，不容忽视。独立董事中平均约有 29.3%的独董具有相关专业技术经验或能力，这一比例最高达到 100%，说明大部分的独立董事都具有相关专业技术经验或能力。

表 8.2　变量的描述性统计

变量	样本量	平均值	中位数	最大值	最小值	标准差
$OverRDinv_{it}$	965	0.012	−0.011	0.661	−0.084	0.045
$TECHID_{it}$	965	0.293	0.333	1.000	0.000	0.247
$LocalTEID_{it}$	965	0.526	1.000	1.000	0.000	0.524
$TEIDpay_{it}$	965	7.097	10.597	13.132	0.000	5.224
$TEIDAGE_{it}$	965	40.111	51.000	79.000	0.000	1.869
$Size_{it}$	965	21.732	21.543	26.487	17.019	1.177
PGR_{it}	965	−0.194	−0.001	111.342	−167.360	8.956
LEV_{it}	965	0.405	0.406	1.163	0.015	0.210
$Meet_{it}$	965	9.178	9.000	30.000	2.000	3.272
MHR_{it}	965	0.104	0.000	0.821	0.000	0.190
IDR_{it}	965	0.370	0.333	0.625	0.000	0.054
$BLOCK_{it}$	965	0.534	0.535	0.964	0.117	0.157
PB_{it}	965	5.163	2.468	5.334	−59.899	1.376
SOE_{it}	965	0.373	0.000	1.000	0.000	0.484

$LocalTEID_{it}$ 的平均值为 0.526，表明有一半的公司拥有本地的技术型独立董事。$TEIDAGE_{it}$ 的平均值为 40.111，即技术型独立董事的平均年龄为 40 岁，中位数是 51 岁，最高是 79 岁，最低是 0，可能是数据错误所致。总体上看，公司的业绩成长性不好，平均为−0.194。从负债比率来看，总体上公司偿债能力尚可，LEV_{it} 的平均值为 40.5%，但有些公司已经资不抵债，负债比率高达 116.3%。管理层持股比例不高，平均为 10.4%，最高的 82.1%，一半以上公司的高管不持有公司股份，表明大部分的公司不具备创新型企业的公司治理结构。样本中国有控股的公司所占比重为 37.3%。

表 8.3 的相关性分析结果显示，技术型独立董事的比例与公司的过度创新程度在 10%的水平上显著正相关，这与我们在理论分析部分的预期是一致的，表明中国独立董事制度的设计还存在较大的漏洞，独立董事的任命较大地受经理人的影响。董事会会议次数反映了董事会监督的积极性，结果显示，董事会会议次数与过度创新投资水平呈 10%水平的负相关关系。公司规模也与过度创新负相关，表明大公司的公司治理比较健全，对管理层的监督比较到位。

表 8.3 变量间的 Pearson 相关性分析

变量	$OverRDinv_{it}$	$TECHID_{it}$	$Size_{it}$	PGR_{it}	LEV_{it}	$Meet_{it}$	MHR_{it}	IDR_{it}	$BLOCK_{it}$	PB_{it}
$TECHID_{it}$	0.073*									
$Size_{it}$	−0.068*	−0.076*								
PGR_{it}	−0.007	0.025	−0.010							
LEV_{it}	0.010	0.058	0.051	−0.015						
$Meet_{it}$	−0.113*	−0.150*	0.515*	−0.003	−0.006					
MHR_{it}	−0.004	−0.011	0.177*	0.059	0.078*	0.175*				
IDR_{it}	0.038	0.127*	−0.351*	−0.014	−0.023	−0.406*	−0.048			
$BLOCK_{it}$	0.027	0.129*	0.045	0.027	0.014	−0.165*	0.011	0.200*		
PB_{it}	0.059	0.006	−0.309*	0.117*	0.017	0.005	−0.029	0.016	0.013	
SOE_{it}	−0.008	−0.120*	0.366*	−0.063	0.021	0.384*	−0.038	−0.412*	−0.025	−0.077*

*表示在 0.10 水平上显著（双尾）

除了公司规模与董事会会议次数的相关系数达到 0.515，比较高外，其他的变量之间的相关系数都比较低，说明模型（8.3）不会存在多重共线性的问题。

表 8.4 是模型（8.3）的回归结果。$TECHID_{it}$ 的系数在 10%的水平上显著为正，与相关性分析的结果一致，与我们的预期一致。这说明技术型独立董事更可能被管理层利用于向董事会游说进行过度的创新投资。公司较高的负债比率有助于减轻管理者过度投资的代理问题。然而，管理层持股、股权集中、独立董事比例都无助于降低管理者代理成本，这是很让人失望的。不过，这个研究本身是存在缺陷的，即过度创新投资的估计模型没有能够考虑创新的效率问题，即创新投资的产出——未来的专利申请数量。因此，本节的经验证据仅供参考。

表 8.4 模型（8.3）的回归结果

被解释变量	$OverRDinv_{it}$
$TECHID_{it}$	0.008 3*
	（1.79）
$Size_{it}$	−0.000 3
	（−0.26）
PGR_{it}	−0.000 4**
	（−2.40）
LEV_{it}	−0.022 1***
	（−3.08）
$Meet_{it}$	0.000 4
	（−0.98）

续表

被解释变量	$OverRDinv_{it}$
MHR_{it}	−0.005 6
	(−0.79)
$BLOCK_{it}$	0.002 3
	(0.3)
SOE_{it}	0.003 7
	(1.35)
PB_{it}	0.001 6**
	(2.4)
IDR_{it}	−0.022 6
	(−1.02)
_cons	0.003 3
	(0.11)
Year	控制
Industry	控制
N	962
Adj. R^2	0.098

*、**、***分别表示在 0.10、0.05、0.01 水平上显著（双尾）

注：括号内为 t 统计值

不过，有一些证据可以用于佐证技术型独立董事的任命本身是个代理问题。那就是，管理层倾向于任命与他熟悉的独立董事，如同城的（最好是同乡），以及从管理层得到好处的，如高薪的，和好说话的，如年龄大的。因此，表 8.5 分别考察了当地技术独董、技术独董以及技术独董年龄对过度创新投资的影响。结果显示，管理层控制技术型独立董事的最好办法还是给予高薪。表 8.5 的回归结果显示，$IDpay_{it}$（独立董事薪酬）的系数显著为正（5%水平），即独立董事的薪酬较高时，公司更容易过度创新投资，此时 $TECHID_{it}$ 的系数不再显著。可见，独立董事的薪酬是影响公司过度创新投资的重要因素，未必是对技术型独立董事的聘任。

表 8.5　考虑技术型独立董事特征的检验结果

被解释变量	$OverRDinv_{it}$		
	(1)	(2)	(3)
$TECHID_{it}$	0.003 3	−0.000 6	0.086 7*
	(0.50)	(−0.06)	(1.67)
$Local_{it}$	−0.004 6		
	(−1.32)		

续表

被解释变量	$OverRDinv_{it}$		
	(1)	(2)	(3)
$LocalTEID_{it}$	0.010 0		
	(1.09)		
$IDpay_{it}$		0.003 6**	
		(2.17)	
$TEIDpay_{it}$		−0.001 2	
		(−0.22)	
$IDAGE_{it}$			0.002 0**
			(2.04)
$TEIDAGE_{it}$			−0.022 3*
			(−1.74)
控制变量及截距（略）			
Year	控制	控制	控制
Industry	控制	控制	控制
N	962	962	962
Adj. R^2	0.098	0.103	0.098

*、**分别表示在 0.10、0.05 水平上显著（双尾）

注：括号内为t统计值。$IDpay_{it}$ 为独立董事平均薪酬的自然对数值；$IDAGE_{it}$ 为独立董事平均年龄的自然对数值

如果将模型（8.3）的因变量替换成 R&D 支出除以营业收入，结果基本上是一样的，结论不会改变。如果将技术型独立董事的比例更换为董事会是否拥有技术型独立董事，结果变得更加显著，即技术型独立董事的存在使公司倾向于进行过度创新投资（表 8.6）。

表 8.6　稳健性检验：$TECHID_{it}$ 为董事会是否拥有技术型独立董事的哑变量

被解释变量	$OverRDinv_{it}$
$TECHID_{it}$	0.006 8***
	(2.73)
控制变量（略）	
_cons	0.005 8
	(0.19)
N	962
Adj. R^2	0.103

***表示在 0.01 水平上显著（双尾）

注：括号内为 t 统计值

8.3 结　　论

董事会是公司治理的重要一环，它的职责是代表股东利益对管理层进行监督。然而，创新是具有技术含量的投资活动，不具有专业特长的董事未必能够发挥其对管理层进行监督的作用。因此，本章我们关注了技术型独立董事的监督作用，结果发现拥有技术型独立董事的公司更倾向于进行过度创新投资，而且独立董事的薪酬越高，公司越容易进行过度创新投资。因此，独立董事高薪很可能本身就是个代理问题，需要学者和政府部门进一步研究和加以关注。

第 9 章　内部控制制度与企业创新

9.1　理论分析与假设

内部控制通过内部环境、风险评估、控制程序、信息沟通和内部监督五要素的建设，“嵌入”公司经营活动的各个方面，能够有效监督和控制各层级代理人的行为，进而提高公司内部运营活动的规范性和有效性。企业健全的内部控制，能够对管理者的创新决策的创新过程施加影响。第 8 章的研究结果表明，对管理层监督的加强会降低企业创新投资力度，同时提高创新效率，增加创新产出。那么，较健全的内部控制是否会对创新投资产生负面影响？

早在 1980~1990 年，美国通用电气公司（General Electric Company，GE）、国际商业机器公司（International Business Machines Corporation，IBM）和美国电话电报公司（American Telephone & Telegraph，AT&T）等著名公司纷纷出现业绩滑落和产能过剩问题，Jensen（1993）就提出，这很可能是因为僵化的内部控制系统限制了这些公司的转型和创新能力。其后，在 SOX 法案（Sarbanes-Oxley Act，即萨班斯法案）提交给美国国会之际，一些学者和 CEO 也是极力抗议。他们认为 SOX 法案是政府为了挽回被财务丑闻摧毁的投资者信心，但严格的内部控制势必增加高管们的风险暴露而减少其隐性收入，这将极大降低高管对技术创新等风险性项目的投入意愿（Solomon and Bryan-Low，2004；Zhang，2007）。而且，严密的内部控制会使员工有被束缚压迫的感觉，迫使员工循规蹈矩，并将抑制员工的工作激情和创新精神（Ribstein，2002）。另外，公司大量新业务和新产品的创新进程很可能受制于内部控制中的层层审批和严格论证程序而被迫搁置或被削减。这些论证从公司技术创新运营的角度指出“内部控制促进论”忽视的一个重要问题：监管层推进内部控制的主旨本是保护投资者利益，但实际上可能抑制公司创新活力，进而对作为投资者利益基础的公司价值产生了负面效应。由此，形成了“内部控制悖论”（internal control paradox）。

以 Simons（1995）为代表的“内部控制促进论”认为，良好的内部控制有

“鼓励创新想法”的作用。因为，在有一定规模的公司中，创新往往并不是随机过程，而是需要目标的引导和结构化的支撑，引入内部控制体系就能促进这种目标和结构化过程的清晰定位：通过内部环境建设制衡高管权力；通过人力资源政策保障创新人才的晋升和福利；通过明确战略目标确定技术创新在迎接市场挑战中的作用。这种清晰的定位将减少由于规则不明确而任由高管削减创新立项的现象（Dougherty and Hardy，1996；Verona，1992）。同时，通过建立良好的制度系统、预算和考评等控制体系，以及通畅的信息沟通机制，组织的战略定位和风险承受边界能向公司各级员工进行清晰的传达，各层级的创新项目能根据环境变化进行微调以更符合组织立项要求，这将为组织创新活动构建良好的内部环境并激发组织内各个层次的创新。

这两种观点同时存在于世并不奇怪。不管是薪酬制度、股权结构，还是内部控制，都是公司治理的一个方面。因此，单独考虑某一因素对创新投资的影响会有失偏颇。但是在公司治理的有效性普遍不高的中国经济制度环境下，内部控制就可能成为其他公司治理机制缺失的一种替代。

假如一个公司的股权较为分散，公司创新决策的控制权比较容易被管理层所掌握，在缺乏大股东监督的情形下，管理层往往是公司的实际控制人。这个时候，如第 7 章所指出的那样，管理者容易借助创新投资实施对公司资源的掠夺。此时，从表面上看，管理者在为股东的利益最大化而努力，实际上在损害股东的利益。但如果公司的内部控制比较健全，管理者的机会主义行为会受到制度的约束，管理者就不能随意地实施他的掠夺行为。因此，严格的内部控制确实有可能挫伤管理者创新的激情，导致创新投资下降。股权分散条件下，健全的内部控制有可能对创新投资产生负面影响，但创新的效率会得到提高。

中国的大部分公司股权比较集中，公司的控制权大部分掌握在大股东的手里，创新投资由大股东决策。这时候，较为健全的内部控制能够给大股东增强创新成功的信心，因而可能对创新投资具有促进作用。如果以所有的上市公司为样本，我们或许可以观察到内部控制的健全程度与创新投资间存在正相关关系。相对于发展得比较滞后的公司治理，内部控制制度在中国发展得比较完善，这要归功于中国会计界学者在公司内部控制制度建设中所做的努力。健全的公司内部控制制度有助于抑制管理者机会主义行为，降低管理者的道德风险，从而提高创新效率，最终达到提升公司绩效的目的。因此，可以预计，内部控制与创新投资会存在正相关关系，而且当内部控制较好时，创新投资与公司业绩的关系更密切。下面，我们以 2007~2013 年所有的内资上市公司为样本，对以下假设进行实证检验。

$H_{9.1}$：内部控制制度健全程度与企业创新投资正相关；

$H_{9.2}$：内部控制制度健全程度与创新效率正相关，即内部控制通过增加企业创新活动、提高创新效率而对公司业绩有正向影响。

9.2　实 证 检 验

1. 样本选取

本章的数据来源于 CSMAR 和迪博内部控制数据库，从中选取了沪深两市主板制造业上市公司 2007~2013 年的财务数据和内部控制指数。数据起始年份是 2007 年，是考虑到我国 2006 年会计准则开始允许满足条件的 R&D 开支资本化处理。为提高数据的有效性，我们剔除最终控制人类型属于国有或民营以外类型的外资企业等上市公司，因其 R&D 投入受一些特殊因素的影响；剔除财务报告管理费用明细中 R&D 费用缺失或公司两年报表中同时期 R&D 费用严重不一致却未做任何说明的上市公司样本。在此基础上，为剔除极值的影响，我们进一步对样本进行了头尾 0.5%的 Winsorsize 处理。根据以上方法，我们最后得到 1 130 家公司一年的面板数据作为最终研究样本。我们运用 Stata 13.0 对数据进行处理。

2. 经验模型

用于检验 $H_{9.1}$ 的模型如下：

$$\text{Innov}_{it} = \alpha_0 + \alpha_1 \text{IC}_{it} + \sum_j \alpha_j \text{Controls}_{jt} + \varepsilon_{it} \tag{9.1}$$

其中，Innov_{it} 为创新投资，用 R&D 费用除以营业收入计量；IC_{it} 为内部控制质量，用迪博数据库中内部控制综合评分度量；Controls_{jt} 为控制变量，包括公司规模 Size_{it}、资产负债率 LEV_{it}、资产增长率 Growth_{it}、高管持股比例 CEOshare_{it}、高管货币薪酬激励 CEOCOM_{it}、股权制衡度 Herfindahl5_{it}，以及行业、年度哑变量。

用于检验 $H_{9.2}$ 的模型如下：

$$\text{Perf}_{it} = \beta_0 + \beta_1 \text{IC}_{it} + \beta_2 \text{Innov}_{it} + \beta_3 \text{Innov}_{it} \times \text{IC}_{it} + \sum_j \beta_j \text{Controls}_{jt} + \varsigma_{it} \tag{9.2}$$

其中，Perf_{it} 为公司业绩，用资产回报率（return on assets，ROA）度量。其他变量的定义见模型（9.1）的说明。变量的定义如表 9.1 所示。

表 9.1　主要变量定义表

变量类型和变量符号	变量定义
因变量	
Perf_{it}	公司业绩，用 ROA 衡量，等于年度净利润/总资产

续表

变量类型和变量符号	变量定义
测试变量	
$Innov_{it}$	公司创新活动，等于年度 R&D 费用投入/营业收入
IC_{it}	内部控制，来自迪博数据库中内部控制综合指数的自然对数
控制变量	
$Size_{it}$	公司规模，等于总资产的自然对数值
LEV_{it}	资产负债率，等于年末负债总额除以期末总资产
$Growth_{it}$	资产增长率，等于公司主营业务收入的增长率
$CEOshare_{it}$	高管持股比例，取年报中“高管人员持股比例”
$CEOCOM_{it}$	高管货币薪酬激励，取年报中“金额最高的前三名高管的薪酬总额”的自然对数
$Herfindahl5_{it}$	股权制衡度，等于前 5 大股东的持股比例的平方和
$Year_{it}$	年度哑变量
$Industry_{it}$	行业哑变量

3. 描述性统计

表 9.2 是有关变量的描述性统计。从表 9.2 来看，衡量样本平均创新活动的 R&D 投入水平约为 1%，与发达国家公司平均 2%的 R&D 投入水平相比，我国制造业上市公司的平均 R&D 投入较低。此时，严厉的内部控制是否会抑制我国上市公司的 R&D 投入，意义更显突出。从内部控制 IC_{it} 来看，迪博数据库对上市公司的内部控制评分最大值和最小值之间差距高达 500 多分。但从中值 6.543 1 接近于均值 6.536 5，且标准差较小为 0.116 1 来看，内部控制评分较高组和较低组的样本分布较均匀。进一步根据均值或中值进行分组统计的结果表明，两组样本标准差都在 0.08 左右，进一步说明两组样本分布均匀。这有利于我们根据内部控制评分将样本分为高评分组样本和低评分组样本，观察两组样本中内部控制对公司 R&D 投入的影响是否存在差异。

表 9.2　变量的描述性统计

变量	均值	标准差	最小值	最大值	25 分位	中位数	75 分位
IC_{it}	6.536 5	0.116 1	6.004 6	6.830 0	6.494 9	6.543 1	6.589 0
$Innov_{it}$	0.010 6	0.017 4	0.000 1	0.099 8	0.002 7	0.010 1	0.024 5
$Perf_{it}$	0.031 7	0.060 4	−0.188 3	0.222 5	0.006 6	0.027 1	0.057 9
$Size_{it}$	22.059 8	1.162 0	19.502 5	25.177 3	21.333 3	21.953 6	22.729 3
LEV_{it}	0.517 5	0.175 4	0.198 6	0.826 6	0.388 9	0.516 9	0.654 4
$Growth_{it}$	0.180 5	0.846 5	−1.104 3	1.816 4	−0.370 0	0.051 7	0.736 3

续表

变量	均值	标准差	最小值	最大值	25 分位	中位数	75 分位
$CEOshare_{it}$	0.743 0	3.429 8	0	23.617 7	0	0	0.009 2
$CEOCOM_{it}$	13.876 1	0.744 7	11.849 4	15.754 5	13.427 9	13.877 3	14.348 9
$Herfindahl5_{it}$	0.163 2	0.123 4	0	0.624 1	0.070 1	0.130 6	0.226 1
N	1 130	1 130	1 130	1 130	1 130	1 130	1 130

资料来源：张娟和黄志忠（2016）

为观察内部控制评分较低和较高组之间的创新活动水平是否存在差异，我们按照变量 IC_{it} 的均值将样本分为内部控制评分较低的 Low IC 组和较高的 High IC 组，我们对相关变量分别进行了 t 检验与秩和检验，效应的 t 值和 Z 值分别为−0.826 7（P=0.408 6）和−0.516（P=0.605 7），说明两组之间的创新活动水平的差异并不显著，且样本分布具有一定的随机性。

4. 回归分析

表 9.3 是模型（9.1）的回归结果。与我们的预期一致，公司内部控制质量与创新投资之间呈正相关关系。这是由于股权相对集中。我们在模型中控制了股权制衡度 $Herfindahl5_{it}$，它的系数显著为正，表明股权集中的公司有更高的创新投资水平。这与表 7.5 和表 7.6 的结果不一致，主要是由样本不同所致。本节的样本既包括民营控股的公司，也包括国有控股的公司，而且没有限制行业。因此，不能根据 $Herfindahl5_{it}$ 系数为正就得出股权分散公司对 R&D 投资更谨慎的结论。显著为正的 $Herfindahl5_{it}$ 系数可能是由创新型公司股权比较集中所致。为了得出可靠的结论，需要对样本公司所在的行业加以限制。

表 9.3　模型（9.1）的全样本回归结果

变量	因变量：$Innov_{it}$	
	估计系数	P 值
自变量		
IC_{it}	0.008 4	0.013
控制变量		
$Size_{it}$	−0.002 3	0.000
LEV_{it}	−0.002 1	0.302
$Growth_{it}$	−0.000 2	0.003
$CEOshare_{it}$	0.000 3	0.000
$CEOCOM_{it}$	0.004 6	0.000
$Herfindahl5_{it}$	0.010 5	0.000
常量	−0.057 1	0.003

续表

变量	因变量：$Innov_{it}$	
	估计系数	P 值
Industry	控制	
Year	控制	
R^2	0.123 6	
Adj.R^2	0.118 1	
N	1 130	

资料来源：张娟和黄志忠（2016）

表 9.3 中的 $CEOCOM_{it}$ 系数显著为正，说明高管的薪酬与创新投资水平有关，这与表 7.5 和表 7.6 的结果一致。$CEOshare_{it}$ 的系数也显著为正，给予高管股权激励有助于提高公司的创新投资水平。当然，创新型企业高管薪酬比较高，也更可能实施股权激励，这会使二者与创新投资水平正相关。公司规模 $Size_{it}$ 和资产增长率 $Growth_{it}$ 均与公司创新活动 $Innov_{it}$ 显著负相关，这就难以理解了。传统行业、垄断行业的公司往往规模比较大。例如，房地产、石油、电信等行业的公司，这类公司的规模越大，垄断能力越强，R&D 支出水平就会越低，这并不奇怪，说明行业特征对模型的回归结果有很大的影响，虽然我们在模型中控制了行业和年度哑变量。

通常越是大公司其内部控制制度越完善，但内部控制的执行未必就好。垄断性企业的内部控制也是相对比较完善的，因为它们有财力去建立看起来健全的内部控制，但这些公司的创新水平却相对比较低。因而，如果限定样本于垄断行业、房地产业，企业的创新投资水平很可能与内部控制质量之间负相关。但模型（9.1）的回归结果显示，内部控制 IC_{it} 的系数显著为正，这个结果就排除了行业因素的影响，因为在传统行业、垄断行业中二者的关系倾向于为负，说明内部控制质量确实对创新具有促进作用。从理论上讲，好的内部控制质量有助于促进创新的效率，因而好的内部控制对创新与业绩的关系具有调节效应。

表 9.4 是模型（9.2）的回归结果。在估计系数（1）中，公司创新活动 $Innov_{it}$ 的系数显著为正，表明创新投资与公司业绩之间存在正相关关系，这种正相关关系主要体现在内部控制较健全的公司里，因为在估计结果（2）中 $IC_{it}\times Innov_{it}$ 的系数显著为正而 $Innov_{it}$ 的系数不再显著。在两个回归结果中 IC_{it} 的系数均显著为正，表明内部控制质量越好的公司业绩越好。内部控制越好的公司创新投资越多，公司的业绩也越好，说明了健全的内部控制对创新效率具有促进作用。

表 9.4　模型（9.2）的全样本回归结果

变量	因变量：ROA_{it}			
	估计系数	P 值	估计系数	P 值
自变量				
IC_{it}	0.084 3	0.000	0.013 6	0.000
$Innov_{it}$	0.363 0	0.001	0.000 8	0.582
$IC_{it} \times Innov_{it}$			0.007 2	0.000
控制变量				
$Size_{it}$	− 0.005 6	0.000	− 0.006 0	0.000
LEV_{it}	− 0.065 3	0.000	− 0.065 2	0.000
$Growth_{it}$	− 0.000 6	0.003	− 0.000 7	0.001
$CEOshare_{it}$	0.000 8	0.019	0.000 9	0.009
$CEOCOM_{it}$	0.013 7	0.000	0.013 6	0.000
$Herfindahl5_{it}$	0.032 0	0.002	0.034 4	0.001
常量	− 0.546 7	0.000	0.013 4	0.677
Industry	控制		控制	
Year	控制		控制	
Adj.R^2	0.237 2		0.249 2	
N	1 130		1 130	

资料来源：张娟和黄志忠（2016）

5. 结论

我国整体上适用于“内部控制促进论”，加强内部控制建设有助于激发更多的创新活动，同时优化创新活动向公司实际业绩转化的效率。

第 10 章　大股东行为与企业创新

10.1　大股东风险态度与企业创新

创新是一种具有高度不确定性的活动。例如，重庆啤酒投巨资于乙肝疫苗的研发，历经数年最终以失败告终。不确定性意味着风险。创新需要高投入，但其高度的不确定性意味着有可能会给企业带来巨大的损失。对于一个小规模的企业来讲，这种风险是难以承受的。因此，民营企业大股东通常对风险比较厌恶（Arrow，1962）。下面，我们通过一个模型来说明风险对股东创新策略的影响。

假设创新总投资水平为 I，项目回收期内税后预期现金流的现值为 $M(I)$，实现该现金流的概率标准差为 σ，且有 $\partial M(I)/\partial I>0$，$\partial^2 M(I)/\partial I^2<0$，即创新投资边际效用递减。忽略税收变化和融资费用的影响，假设大股东持有公司的股权比例是 k，风险给股东带来的负效用是 $-\frac{1}{2}\lambda\sigma^2$，那么企业创新给大股东带来的效用是

$$U_B=k\left[M(I)-\frac{\lambda}{2}I\sigma^2\right] \tag{10.1}$$

大股东选择最优的创新投资水平 I^* 是使以下等式成立：

$$\frac{\partial U_B}{\partial I}=k\left[\frac{\partial M(I)}{\partial I}-\frac{\lambda}{2}\sigma^2\right]=F(I,\sigma)=0 \tag{10.2}$$

假定企业是否创新、创新投入规模由大股东决定。考虑创新风险对大股东最优创新投资水平 I^* 选择的影响：

$$\frac{\partial I^*}{\partial\sigma}=-\frac{\partial F/\partial\sigma}{\partial F/\partial I^*}=\frac{k\lambda\sigma}{\partial^2 M(I)/\partial I^2} \tag{10.3}$$

由于 $k\lambda\sigma$ 大于 0，而 $\partial^2 M(I)/\partial I^2$ 小于 0，故 $\partial I^*/\partial\sigma<0$，即创新投资的风险越大，大股东最优创新投资的水平就越低。这体现了大股东对风险的厌恶。

以上是一种理想状态下的结果。大股东所作出的选择纯粹从其个人财富最大

化出发。如果大股东是国有单位，大股东的决策很可能就不是从财富最大化的角度来考虑。因为此时，大股东（考虑终极大股东，即政府）拥有数量众多的国有企业或上市公司，而且横跨相当多的行业。在这种情况下，大股东完全有能力将创新所面临的风险充分地分散化，创新风险就不再是影响大股东决策的重要变量。因此，我们可以将国有大股东界定为风险中性的投资者。对于风险中性的国有大股东来说，是否进行创新投资，主要考虑的是创新活动能够产生多大的效益，即 $M(I)$ 的大小，以及创新给地方政府和官员带来的社会知名度，此外也许还有其他的一些非经济目的。

对于民营大股东来讲，在进行创新决策时也并非完全地考虑创新的风险产生的负效应。创新是形成企业长期竞争优势的源泉。对于那些抱有创造商业帝国梦想的家族大股东，创新可能是他们孜孜追求的，这类的股东就具有通常所称的“企业家精神”（entrepreneurship）。拥有企业家精神的大股东致力于科技的创新、创业或企业的创新。企业的创新包括对公司的文化、结构和管理方式的彻底改造、战略重组等。这类的大股东以创新、创业为其终身的追求，对于创新风险不是消极地躲避，而是积极应对，在创新过程中随时对风险进行跟踪与控制，即所谓的创新中的风险管理。因此，对于拥有企业家精神的大股东，他们表现出来的可能是对风险的追逐，因为风险越大收益就越高。当然，这类大股东应该拥有公司绝对的控制权。我们对创新投资水平 I^* 求 k 的偏导数，可得

$$\frac{\partial I^*}{\partial k}=-\frac{\partial F/\partial k}{\partial F/\partial I^*}=-\frac{\partial M(I)\big/\partial I-\frac{1}{2}\lambda\sigma^2}{\partial^2 M(I)/\partial I^2} \tag{11.4}$$

当 $\partial M(I)/\partial I-\frac{1}{2}\lambda\sigma^2>0$ 时，即创新项目可行时，由于 $\partial^2 M(I)\big/\partial I^2<0$，式（10.4）大于 0。也就是说，风险中性或风险追逐的大股东的最优投资水平与其持股比例 k 正相关。从掏空策略这一角度来考虑，我们已经在第 2 章证明了，大股东持股比例越低，其掏空公司的动机就越强，相反地，其支持公司创新的动机就会越弱。

总结以上的分析，对于民营大股东，其支持上市公司创新投资的水平与其持股比例正相关，与创新的风险水平负相关。但当大股东拥有企业家精神时，风险不是其支持公司创新主要考虑的因素。对于国有大股东来讲，其支持上市公司创新投资的水平与创新所能带来的经济和社会效益正相关，而与创新的风险关系不大。

10.2 大股东掏空和质押股权对企业创新的影响

1. 理论分析与假设

10.1 节的理论分析表明，对于那些以其可见的财富最大化为目标的大股东来说，创新的高度不确定性降低了他们支持上市公司创新投资的欲望。Loh 和 Venkatraman（1993）发现，当公司的股权比较集中、管理者持有股份或管理者能够建立起接管防御体系时，管理层通常不愿意将稀缺资源配置于 IT（Internet technology，即互联网技术）领域，说明不仅股东厌恶风险，管理者也厌恶风险（Cyert and March，1963）。创新不仅具有高度不确定性的特征，它还具有累积性或长期性的特征。创新的周期性一般比较长，创新的收益通常不会是立竿见影的。因此对于那些资金紧张、只关注如转移公司资源与利润以获取短期利益的大股东来讲，创新不具备足够的吸引力。因此，可以预见，民营资本控制的上市公司、大股东对其实施掏空的上市公司创新比较少。由于创新的长期累积性，用于企业创新的资金来源应该得到长期的保证。虽然大股东质押股权获得的资金可以用于支持上市公司的创新，但是大股东如此冒险很容易让其陷入财务困境，因为质押担保所获得的融资通常是短期借款。大股东质押股权融资也说明了其所面临资金紧张的财务状况。因此，可以预见，大股东质押股权的上市公司从事创新活动的可能性比较低，创新投入也比较低。

下面，我们从管理层的角度来讨论企业的创新投资活动。代理理论认为，公司股权和公司治理系统会影响管理者冒险的意愿（Jones and Butler，1992b）。管理者通常是厌恶风险的，这缘于管理者要承担创新的风险，但最终成功创造的价值几乎全部归股东所享有。管理者在创新活动中面临的压力是比较大的，一旦创新失败，将给他们的声誉带来负面影响并增加他们失业的可能性（Zahra，1996），为了提高创新的成功率，管理者需要学习更多的新知识，从而给自身带来更多的私人成本。公司的外部股东通常会比较喜欢企业有更多创新活动，因为他们可以通过分散投资来分散创新相关的风险，但管理者无法像外部股东那样去分散创新带来的风险。公司为了鼓励管理层创新，会安排股权激励让他们分享创新带来的好处（Chang and Garen，2004）。但是，已有的研究结果也表明，发生大股东掏空的上市公司很少会给管理层安排薪酬激励机制，特别是股权激励，因为那样做，他们的掏空行为会受到管理层的阻挠。因此，被大股东掏空的公司管理层也无动力去创新。这样，我们提出以下假设供检验。

$H_{10.1}$：企业投入资源于创新的可能性与大股东掏空的程度负相关。

$H_{10.2}$：企业投入资源于创新的金额与大股东掏空的程度负相关。
$H_{10.3}$：企业投入资源于创新的可能性与大股东质押股份的数量负相关。
$H_{10.4}$：企业投入资源于创新的金额与大股东质押股份的数量负相关。

2. 样本的选取和数据来源

这里我们选取了 2007~2010 年在深市中小企业板上市的非国有控股的公司为研究的初始样本。本部分的 R&D 支出数据来源于上市公司年报中董事会报告的披露，这在深交所上市的中小企业板和创业板上市公司中才有。剔除数据缺失的公司，剩下 276 个中小企业板和创业板的公司共 707 个年度数据。除了 R&D 费用数据通过 Wind 数据库手工收集和计算以外，本部分用于研究的其他数据均来自色诺芬数据库。

3. 模型与变量说明

用于检验四个假设的基本经验模型如下：

$$\begin{aligned}\text{Innov}_t = {} & \alpha_0 + \alpha_1\text{Tunneling}_{t-1} + \alpha_2\text{Pledge}_t + \alpha_3\text{POE} \\ & + \alpha_4\text{Block}_t + \alpha_5\text{Tobin's}Q_t + \alpha_6\text{Size}_{t-1} + \varepsilon_t\end{aligned} \tag{10.5}$$

$$\begin{aligned}P\left(\text{Innov}_t > 0\right) = {} & \alpha_0 + \alpha_1\text{Tunneling}_{t-1} + \alpha_2\text{Pledge}_t + \alpha_3\text{POE} \\ & + \alpha_4\text{Block}_t + \alpha_5\text{Tobin's}Q_t + \alpha_6\text{Size}_{t-1} + \varepsilon_t\end{aligned} \tag{10.6}$$

其中，因变量 Innov_t 为公司的 R&D 支出占当年销售额的比重。解释变量是掏空 Tunneling_{t-1}，用上年末其他应收款/总资产来度量，大股东质押股权占其持有股权的比例 Pledge_t，代表大股东股权性质的哑变量 POE 。控制变量包括第一大股东持股比例 Block_t，代表投资机会的 $\text{Tobin's}Q_t$ 和公司规模 Size_t 。杨勇等（2007）、赵洪江等（2008）、张洪辉等（2010）发现股权集中度对 R&D 投入具有显著的正向影响。股权集中度与第一大股东持股比例高度正相关，因此模型（10.5）中控制了第一大股东持股比例 Block_t。企业创新投资水平直接受限于投资机会。Ryan 和 Wiggins（2002）认为高成长性的公司有动机在 R&D 上投入更多以开发这些机会，因此以 $\text{Tobin's}Q$ 度量的成长性与 R&D 投资水平正相关。因此，模型中要控制 $\text{Tobin's}Q$ 值。通常，小规模公司的成长性更高，因此本部分在模型（10.5）中控制了公司年初的规模 Size_{t-1}。

各变量的具体定义见表 10.1。

表 10.1 主要变量定义表

变量符号	变量定义
Innov_t	公司第 t 年的 R&D 支出/当年销售额
Tunneling_{t-1}	上年末其他应收款/上年末总资产

续表

变量符号	变量定义
Pledge_t	本年度大股东质押股权的股数/大股东持股数量
POE	哑变量，当大股东为民营企业或私人时取 1，否则取 0
Block_t	第一大股东持股比例
$\text{Tobin's}Q_t$	等于公司第 t 年末的股票总市值加上负债账面值除以总资产账面值
Size_{t-1}	公司规模，等于公司上年末总资产的自然对数值

表 10.2 显示，中小企业板上市公司的 R&D 支出平均占销售收入的 3%，23% 的公司无 R&D 支出（未列示），最高的 R&D 支出占到销售收入的近 20%。近些年大股东对上市公司的掏空情况并不严重，平均其他应收款占总资产的比重是 1.25%。不过，仍有个别大股东严重侵占上市公司资金，其他应收款占总资产的比重最高的达到 28.55%。大股东质押股权占其自身拥有股份的比重均值为 5.15%，最高的一年质押总股数超过大股东所拥有的股份数。样本中，民营上市公司占大多数，为 79.21%。第一大股东持股比例呈离散分布状态，最高为 74.88%，最低为 7.93%。公司间的 Tobin'sQ 值差别也很大，最大值为 10.89 倍，最低值不到 1。

表 10.2 变量的描述性统计

变量	N	均值	中值	最小值	最大值	标准差
Innov_t	707	0.033 5	0.029 6	0.000 0	0.199 6	0.061 4
Tunneling_{t-1}	707	0.012 5	0.006 3	0.000 0	0.285 5	0.022 9
Pledge_t	707	0.051 5	0.000 0	0	1.159 3	0.132 1
POE	707	0.792 1	1	0	1	0.406 1
Block_t	707	0.358 6	0.351 4	0.079 3	0.748 8	0.134 5
$\text{Tobin's}Q_t$	707	2.306 2	1.890 0	0.920 0	10.890 0	1.415 8
Size_{t-1}	707	20.721	20.651	18.917	22.951	0.654

4. 实证检验

表 10.3 是单变量 Pearson 相关性分析。确实，反映大股东掏空的变量 Tunneling_{t-1} 和质押股权的变量 Pledge_t 与企业的创新投入 Innov_t 负相关，虽然掏空与创新投资的相关性未能通过显著性检验，这可能与其他应收款不能完全反映大股东掏空有关，因为其他应收款中包含一部分正常的资金往来。控制变量中，第一大股东持股比例与创新投资的关系比较弱，其他两个变量——Tobin'sQ 和公司规模 Size 都对企业创新投资有较大的影响。

表 10.3 变量间的 Pearson 相关性分析

变量	Tunneling_{t-1}	Pledge_t	POE	Block_t	Tobin'sQ_t	Size_{t-1}
Innov_t	−0.062	−0.076**	−0.072*	−0.030	0.176***	−0.143***
Tunneling_{t-1}		0.022	−0.036	−0.081**	0.010	−0.002
Pledge_t			0.087**	0.084**	−0.046	0.045
POE				−0.144***	−0.083**	0.004
Block_t					−0.190***	0.073*
Tobin'sQ_t						−0.189***

*、**、***分别表示在 0.10、0.05、0.01 水平上显著（双尾）

表 10.4 和表 10.5 是对模型（10.6）和模型（10.5）的回归结果。表 10.4 的回归结果显示，不管是国有样本还是民营样本，Tunneling_{t-1} 的系数为负，表明大股东掏空与企业创新概率负相关，H10.1 得到支持。对于全样本，Pledge_t 的系数亦为负且在 10%水平上显著，表明大股东质押股权与企业创新投入水平负相关，$H_{10.3}$ 得到支持。

表 10.4 大股东掏空、质押对创新投资的影响：模型（10.6）的 Logistic 回归结果

自变量	因变量：$P(\text{Innov}_t>0)$		
	全样本	国有样本	民营样本
constant	6.229** （4.026）	1.241 （0.026）	6.509* （3.628）
Tunneling_{t-1}	−11.467*** （9.731）	−12.623** （5.784）	−9.408* （2.737）
Pledge_t	−1.133* （3.247）	−0.587 （0.114）	−1.283* （3.484）
POE	−0.129 （−0.272）		
Block_t	0.036 （0.960）	1.885 （1.052）	−0.307 （0.153）
Tobin'sQ_t	0.388*** （11.44）	0.427* （3.271）	0.390*** （8.542）
Size_{t-1}	−0.261* （3.206）	−0.060 （0.028）	−0.276* （2.943）
Nagelkerke R^2	0.079	0.133	0.069
N	707	147	560

*、**、***分别表示在 0.10、0.05、0.01 水平上显著（双尾）

表 10.5 大股东掏空、质押对创新投资的影响：模型（10.5）的 OLS 回归结果

自变量	因变量：Innov_t		
	全样本	国有样本	民营样本
constant	0.248*** （3.353）	−0.080 （−0.559）	0.317*** （3.703）

续表

自变量	因变量：$Innov_t$		
	全样本	国有样本	民营样本
$Tunneling_{t-1}$	−0.173*	−0.188*	−0.160
	(−1.745)	(−1.726)	(−0.995)
$Pledge_t$	−0.027***	−0.040	−0.023
	(−1.555)	(−1.120)	(−1.182)
POE	−0.009		
	(−1.522)		
$Block_t$	−0.001	0.026	−0.006
	(−0.062)	(0.784)	(−0.273)
Tobin'sQ_t	0.006***	0.008***	0.006***
	(3.854)	(3.439)	(2.635)
$Size_{t-1}$	−0.011***	0.005	−0.014***
	(−3.001)	(0.673)	(−3.464)
Adj.R^2	0.047	0.073	0.039
N	707	147	560

*、***分别表示在 0.10、0.01 水平上显著（双尾）

表 10.5 是对模型（10.5）的 OLS 回归结果。结果显示：对于全样本，$Tunneling_{t-1}$ 的系数和 $Pledge_t$ 的系数均显著为负，$H_{10.2}$ 和 $H_{10.4}$ 得到支持。然而，区分大股东股权性质（国有或民营）进行回归的结果显示，只有国有样本下 $Tunneling_{t-1}$ 的系数显著为负，其他的情况下 $Tunneling_{t-1}$ 的系数和 $Pledge_t$ 的系数虽然都是负的，但不显著。也就是说，不管大股东是国有的还是民营的，大股东掏空和质押股权都会影响上市公司的创新投资行为。

5. 结论

本章根据西方代理理论，结合我国的制度、法律背景，对大股东影响上市公司创新投资的可能性进行了探讨。已有的文献研究的主要内容是股权结构与企业创新的关系（Francis and Smith，1995；张宗益和张湄，2007；杨勇等，2007；赵洪江等，2008；张洪辉等，2010；陈隆等，2005；冯根福和温军，2008），也有研究机构持股对企业创新投资的影响（Graves，1988；冯根福和温军，2008；赵洪江等，2008）。这些研究更多地探讨两个因素之间的相关性，以及这种关系是否与代理理论的预期相符，而不关注对公司行为和公司创新投资产生重大影响的股东行为。当然，也有个别文献关注了股东的异质性。例如，Zahra（1996）将机构投资者分为短线机构投资者（如投资银行、私募基金）和长线投资者（根据投资者持有的期限判断），再来观察机构持股对企业创新的影响，结果发现长线投资者持股会促进公司创新，而短线机构投资者持股与企业创新负相关。

本书在此处根据中国的特定背景——股权高度集中以及控制性股东的掏空等私利性行为的普遍存在，以及近些年大股东频繁地质押股权的行为，对西方的理论加以改进，提出大股东掏空和质押股权行为对上市公司创新投资的负面影响假说，继而以 2007~2010 年上市公司为样本，进行了实证检验。实证检验的结果支持了大股东掏空和质押不利于上市公司创新的假说，说明在我国，大股东是我国上市公司行为的最主要影响者，是中国股市的主导力量。国家要发展经济、升级经济结构，首先要去规范大股东的行为，对大股东掏空这种自利的行为进行打击，同时通过税收优惠、融资支持等方式鼓励大股东支持上市公司进行创新投资。只有这样，中国经济才能得到持续发展，中国企业才能在国际舞台上具备竞争优势。

第三篇

公司治理如何影响宏观政策的作用

第 11 章　公司治理对货币政策创新效应的影响

本章我们着重研究公司治理在货币政策向企业创新投资传导过程中的中介作用。货币政策是变动的、难以把握的，因此它对企业创新的激励作用不如税收政策，因为税收政策是稳定的。下面，我们来研究货币政策是否会促进，以及如何促进具有不同公司治理特征的企业增加创新投资。

11.1　货币政策对一般项目和创新项目决策的影响比较

第 4 章的研究结果表明，狭义货币供应量的宽松有助于提高民营企业的创新投资水平，它的促进作用是通过降低民营企业的创新投资所面临的融资约束达成的。因此，改善民营企业所面临的融资生态环境是促进企业创新进而推动国民经济结构转型的重要途径之一。

货币政策的传导主要是通过利率渠道和信用渠道作用于企业的投资决策。企业因为外部融资的成本降低，使一些本来净现值为负的项目变成净现值为正的项目，即本来被判别为不可行的项目变得可行；也使本来可靠的项目的投资规模得以扩大，从而促进了企业的投资。

然而，货币政策刺激的投资更多是短期的投资，因为长期来看，随着经济形势的变化，货币政策也是会改变的。如果项目是长回收期的，而且高的现金流量发生在项目的后期，那么一旦货币流动性收紧，市场利率上浮，本来净现值为正的项目就会回转成净现值为负的项目。为了说明这个结论，我们假定企业做投资决策时，考虑的是项目的净现值，它等于项目的收益减去成本，即

$$\mathrm{NPV_{Inv}} = \int_0^{\mathrm{Inv}} R(x) - \int_0^{\mathrm{CFI}} \mathrm{CIN}(x) - \int_{\mathrm{CFI}}^{\mathrm{Inv}} \mathrm{CEX}(x)$$

其中，$R(x)$为边际投资回报率；Inv 为创新投资额；CFI 为可供项目使用的内部资本；$\mathrm{CEX}(x)$为外部资本边际成本；$\mathrm{CIN}(x)$为内部资本边际成本。外部资本边际成本受货币政策 MP 的影响，即

$$\mathrm{CEX}(\mathrm{Inv}-\mathrm{CFI}) = \theta(\mathrm{Inv},\mathrm{CFI},\mathrm{MP})$$

且

$$\partial \mathrm{CEX}(\mathrm{Inv}-\mathrm{CFI})/\partial \mathrm{MP} < 0$$

也就是说，随着货币政策的宽松，外部资本的边际成本会降低。假定在货币政策 $\mathrm{MP_0}$ 下有一个项目其 NPV 为 0，即

$$\int_0^{\mathrm{Inv}} R(x) - \int_0^{\mathrm{CFI}} \mathrm{CIN}(x) - \int_{\mathrm{CFI}}^{\mathrm{Inv}} \mathrm{CEX}(x|\mathrm{MP_0}) = 0$$

在 $\mathrm{MP_1}$ 下，由于

$$\mathrm{CEX}(x|\mathrm{MP_1}) < \mathrm{CEX}(x|\mathrm{MP_0})$$

故

$$\int_0^{\mathrm{Inv}} R(x) - \int_0^{\mathrm{CFI}} \mathrm{CIN}(x) - \int_{\mathrm{CFI}}^{\mathrm{Inv}} \mathrm{CEX}(x|\mathrm{MP_1}) > 0$$

即在货币政策 $\mathrm{MP_1}$ 下项目变得可行。如果公司有比较多的这类项目，那么在宽松货币政策下，公司可投资的总额就会增大，即宽松的货币政策促进企业增加投资。

考虑一个创新项目，它是分期投入、分期获得收益的，项目的回收期为 T，在货币政策 $\mathrm{MP_0}$ 下项目的净值现为 0，即

$$\begin{aligned}\mathrm{NPV}(X|\mathrm{MP_0}) = \sum_{t=0}^{T} R(x_t) - \sum_{t=0}^{T} \mathrm{CFI} \cdot \mathrm{CIN}(x_t) \\ - \sum_{t=0}^{T} (x_t - \mathrm{CFI}_t)\mathrm{CEX}(x_t|\mathrm{MP_0}) = 0\end{aligned}$$

其他情况不变，当货币政策量化宽松时，对项目可行性的评价用的资本成本为

$$\mathrm{CEX}(x_t|\mathrm{MP_1}) < \mathrm{CEX}(x_t|\mathrm{MP_0})$$

则

$$\mathrm{NPV}(X|\mathrm{MP_1}) > 0$$

假定第一年项目没有收益，一年之后，在货币政策恢复到 $\mathrm{MP_0}$ 下，项目的净现值为

$$\begin{aligned}\mathrm{NPV}_{t=1}(X|\mathrm{MP_0}) &= \sum_{t=1}^{T} R(x_t) - \sum_{t=1}^{T} \mathrm{CFI} \cdot \mathrm{CIN}(x_t) - \sum_{t=1}^{T} (x_t - \mathrm{CFI})\mathrm{CEX}(x_t|\mathrm{MP_0}) \\ &= \mathrm{NPV}_{t=0}(X|\mathrm{MP_0}) + \mathrm{CFI_0} \cdot \mathrm{CIN}(x_0) + (x_0 - \mathrm{CFI_0})\mathrm{CEX}(x_0|\mathrm{MP_0}) \\ &= \mathrm{CFI_0} \cdot \mathrm{CIN}(x_0) + (x_0 - \mathrm{CFI_0})\mathrm{CEX}(x_0|\mathrm{MP_0}) > 0\end{aligned} \tag{11.1}$$

式（11.1）大于0是因为第0年花费的成本成为沉没成本，在做项目是否继续的决策时不需要考虑。然而，实际上由于在宽松的货币政策 MP_1 下项目第一年支付的资本成本略低于货币政策 MP_0 下的资本成本，即

$$\mathrm{CEX}\left(x_0 \middle| \mathrm{MP}_1\right) \leqslant \mathrm{CEX}\left(x_0 \middle| \mathrm{MP}_0\right)$$

故

$$\begin{aligned}\mathrm{NPV}\left(X \middle| \mathrm{MP}_1\right) &= \sum_{t=0}^{T} R\left(x_t\right) - \sum_{t=0}^{T} \mathrm{CFI}_t \bullet \mathrm{CIN}\left(x_t\right) \\ &\quad - \sum_{t=0}^{T}\left(x_t - \mathrm{CFI}_t\right)\mathrm{CEX}\left(x_t \middle| \mathrm{MP}_1\right) \geqslant 0\end{aligned}$$

即总体上项目的净现值略大于 0。但是，当货币政策出现紧缩时，项目的总现值就可能变成负的，即从长期来看，货币政策的宽松是暂时的，后期货币政策的紧缩可能会造成项目的现金流入无法弥补现金流出，从而造成企业价值的减损。也就是说，货币政策主要影响的是短期的投资项目。如果创新是长期性的投资活动的话，货币政策对创新投资的影响不大。

11.2　管理者对一般项目和创新项目的选择

现在考虑两个项目：一般的投资项目和创新性项目。为简化起见，假定在货币政策 MP_0 下，一般项目和创新项目的收益均为 0，企业不进行投资。在宽松的货币政策 MP_1 下，一般项目的收益为 M_1，风险为 σ_1；创新项目的收益为 M_2，风险为 σ_2，且有 $\sigma_1 < \sigma_2$。两个项目的相关系数为 ρ。在两个项目下，管理者都能获得私人收益 B，私人收益是项目投资额 I 的函数。管理者在实施两个项目过程中要付出的成本分别为 C_1 和 C_2，且 $C_1 < C_2$。管理者决定投资于各项目的投资额为 I_1 和 I_2，且 $I_1 + I_2 = 1$。假设管理者的奖金系数为 δ，则管理者的效用函数为

$$\begin{aligned}U_m &= \left(\delta I_1 M_1 - I_1 C_1 + B I_1\right) + \left(\delta I_2 M_2 - I_2 C_2 + B I_2\right) \\ &\quad - \frac{\lambda}{2}\left(I_1^2 \sigma_1{}^2 + I_2^2 \sigma_2^2 + I_1 I_2 \rho \sigma_1 \sigma_2\right)\end{aligned}$$

且

$$I_1 + I_2 = 1$$

管理者选择的投资组合由式（11.2）决定：

$$\begin{aligned}\frac{\partial U_m}{\partial I_2} &= \left(-\delta M_1 + C_1 + \delta M_2 - C_2\right) - \frac{\lambda}{2}\left[-2\sigma_1^2 + 2 I_2 \sigma_1{}^2 + 2 I_2 \sigma_2^2 + \left(1 - 2 I_2\right)\rho \sigma_1 \sigma_2\right] \\ &= 0\end{aligned} \quad (11.2)$$

假定一般项目与创新项目相互独立，即 $\rho=0$ ，解式（11.2）得

$$\begin{cases} I_1^* = \dfrac{(\delta M_1 - C_1) - (\delta M_2 - C_2) + \lambda\sigma_2^2}{\lambda(\sigma_1^2 + \sigma_2^2)} \\ I_2^* = \dfrac{(\delta M_2 - C_2) - (\delta M_1 - C_1) + \lambda\sigma_1^2}{\lambda(\sigma_1^2 + \sigma_2^2)} \end{cases}$$

当公司未给管理者安排激励制度，即 $\delta=0$ 时，管理者就会更倾向于选择一般性的项目而非创新项目，因为

$$C_2 > C_1 \text{且} \sigma_2 > \sigma_1$$

所以有

$$I_1^* \gg I_2^*$$

推论 11.1 当货币政策宽松时，未安排激励制度的公司管理层在做决策时倾向于增加一般性的投资项目而非创新投资项目。

当公司安排了奖励金制度，但比较低，如按利润的 10%给予奖励，而管理者花费的努力却是 100%，因而有很大的概率$(\delta M_1 - C_1) > (\delta M_2 - C_2)$成立。又加上$\sigma_2 > \sigma_1$，故而有

$$I_1^* \gg I_2^*$$

可见，当货币政策宽松时，即使公司安排了奖励金制度，如果奖励幅度并不是占项目收益的大部分，管理者也会优先选择一般性项目而非创新项目。

只有当创新项目的收益大大超过一般性项目，而且管理层的奖励幅度够高，管理者才会选择创新项目。然而，这种情况几乎不可能存在。因为当货币政策为 MP_0 时，两个项目均不可行，说明当货币政策宽松时，创新项目的收益也仅仅是略高于 0，一般性项目也是如此，因而两个项目的收益相差无几。创新项目的收益大大超过一般性项目，只可能存在于公司因受融资的约束而无法实施创新的情形。当货币政策宽松时，企业的融资约束被打破，企业开始实施创新。然而，即使是企业因融资约束的缘故无法实施创新，当货币政策宽松时，由于创新项目的收益一般具有前低后高的分布特征，在奖励金制度下的管理者也会因为比较重视短期业绩而放弃创新项目。

管理者什么时候才会坚持收益滞后分布的创新项目呢？当管理者持有公司股权时，由于创新项目能够带来较高的未来收益，而该未来收益会被折现并体现在股票价格中，管理层能够通过出售股权在实施创新项目的早期就实现创新的未来收益。因此，当创新项目的收益大大超过一般性项目，而且管理层持有公司股份时，当货币政策宽松时，受融资约束的公司管理者会选择实施创新项目。

管理者通常是风险厌恶的，即 $\lambda>0$ 。当管理者被授予期权时，由于公司股票的波动性越大，期权的价值越高，管理者将会转变为风险偏好的，即 $\lambda<0$ ，

这时如果

$$(\delta M_2 - C_2) \geqslant (\delta M_1 - C_1) \quad (11.3)$$

则有

$$I_2^* > I_1^*$$

如果公司能够弥补管理者为创新而付出比一般项目更多的努力，式（11.3）就会成立。因而，我们得出推论 11.2。

推论 11.2　由于期权激励能够扭转管理者对风险的态度，当货币政策宽松时，过去受融资约束并且安排有期权激励公司的管理者倾向于选择创新项目。

可见，货币政策对创新投资的促进作用是很低的，只对那些受融资约束且为管理层大面积安排了期权激励的公司才会发生作用。这个条件对中国上市公司来讲是很苛刻的。

11.3　薪酬激励在货币政策向创新型企业传导中的作用

为了检验 11.2 节的推论，本节选取了 2007~2014 年中小企业板和创业板上市的 760 个公司作为研究样本，共有 2 653 个公司–年度数据，其中 2007 年 34 个样本，2008 年 73 个样本，2009 年 144 个样本，2010 年 179 个样本，2011 年 273 个样本，2012 年 510 个样本，2013 年 689 个样本，2014 年 751 个样本。R&D 费用没有披露的默认为 0。本节的财务数据和公司治理数据均来自 CSMAR 数据库，R&D 数据来自 Wind 数据库。公司是否安排薪酬激励，是由公司近几年的利润（或净资产利润率）与总经理薪酬的相关系数确定的。若相关系数大于 0，认定为安排了薪酬激励；如果相关系数为 0 或负值，则认定为未安排薪酬激励。股权激励的认定则按总经理或董事长是否持股以及是否授予期权来确定。

用于检验推论的经验模型如下：

$$\begin{aligned}\Delta \mathrm{RD}_{it} = &\alpha + \alpha_1 \Delta \mathrm{MS}_{t-1} + \beta \mathrm{CFI}_{it} + \beta_1 \Delta \mathrm{MS}_{t-1} \cdot \mathrm{CFI}_{it} \\ &+ \sum \gamma_j \mathrm{Control}_{i,t-1}^j + \varepsilon_{it}\end{aligned} \quad (11.4)$$

其中，$\Delta\mathrm{RD}_{it}$ 为公司 i 第 t 年的 R&D 费用除以当年销售收入减去第 t–1 年的 R&D 费用除以 t–1 年销售收入；$\Delta\mathrm{MS}_t$ 为 t 年的广义货币供应量 M2 指数的环比增长；$\mathrm{Control}_{i,t-1}$ 为控制变量，包括第 t–1 年末权益总市值的自然对数值 Size_{t-1}，第 t–1 年的资产负债率 LEV_{t-1}，国有控股哑变量 SOE_{it}，第 t 年的经营活动产生的现金净流量除以年初的总资产 CFOA_{it}，第 t–1 年的货币资金占第 t–1 年总资产的比重

$CASH_{i,t-1}$，第 t–1 年相比第 t–2 年的销售增长率 $Growth_{i,t-1}$，上年度公司亏损的哑变量 $LOSS_{i,t-1}$，上年度 R&D 支出收入比 $RD_{i,t-1}$，自然年度减去 2006 的线性变量 $Year_t$ 和行业哑变量 $Industry_j$。

1. 样本描述性统计

表 11.1 是变量的描述性统计。我们看到，安排有股权激励的公司比例不低，57.07%的公司总经理持有公司股份；72.9%的公司总经理薪酬与利润挂钩；只有 13.06%的样本公司由国有股权控制。创新投资平均来讲是逐年增长的，年平均增长 0.8%个收入水平。广义货币 M2 以每年平均 16.02%的幅度增长，最快是 2009 年，达到接近 26%的惊人幅度！但创新与货币政策的关系怎样呢？

表 11.1　变量的描述性统计

变量	样本量	均值	中位数	最小值	最大值	标准差
ΔRD_t	2 653	0.008 0	0.004 4	− 0.143 5	0.221 3	0.020 1
ΔMS_{t-1}	2 653	0.160 2	0.148 9	0.129 5	0.257 7	0.032 4
RD_{t-1}	2 653	0.046 2	0.035 4	0.000 0	0.718 5	0.052 0
$CFOA_t$	2 653	0.049 5	0.045 2	− 0.498 4	0.646 2	0.080 1
$Size_{t-1}$	2 653	21.824	21.763	19.653	25.464	0.738
LEV_{t-1}	2 653	0.314 0	0.293 3	0.007 5	0.835 5	0.181 3
SOE_t	2 653	0.130 6	0	0	1	0.338 0
$CASH_{t-1}$	2 653	0.299 3	0.261 0	0.023 0	0.918 2	0.170 1
$Growth_t$	2 653	0.126 2	0.143 0	− 0.996 7	1	0.209 1
Equity-inc	2 653	0.570 7	1	0	1	0.495 1
Bonus-inc	2 653	0.729 0	1	0	1	0.444 6

注：Equity-inc 表示是否安排股权激励，安排取 1，未安排取 0；Bonus-inc 表示是否安排薪酬激励，安排取 1，未安排取 0。表 11.2 中用连续变量来观察激励程度与 ΔRD 的关系

表 11.2 的相关性分析结果显示，创新与货币政策之间呈显著的负相关关系，即宽松的货币政策不是促进企业创新，而是对企业的创新投资具有反作用。这与 11.2 节的理论分析的推论是一致的，即货币政策促进了企业的一般性投资，但却打击了企业对创新投资的积极性。不但创新没有因宽松的货币政策而提高，反而因一般性的投资增加吸走了公司的内部资源使创新投资的融资约束更严重了。

表 11.2　变量间的 Pearson 相关性分析

变量	ΔMS_{t-1}	RD_{t-1}	$CFOA_t$	$Size_{t-1}$	LEV_{t-1}	$CASH_{t-1}$	$Growth_t$	log (Equity-inc)	log (comp)
ΔRD_t	− 0.042**	0.133***	0.066***	0.128***	− 0.099***	0.138***	0.111***	0.056***	0.061***
ΔMS_{t-1}		− 0.220***	0.100***	− 0.196***	0.129***	− 0.058***	− 0.012	− 0.195***	− 0.212***
RD_{t-1}			0.036*	0.077***	− 0.331***	0.318***	− 0.088***	0.149***	0.128***

续表

变量	ΔMS_{t-1}	RD_{t-1}	$CFOA_t$	$Size_{t-1}$	LEV_{t-1}	$CASH_{t-1}$	$Growth_t$	log (Equity-inc)	log (comp)
$CFOA_t$				0.130***	−0.098***	0.089***	0.025	0.048**	0.077***
$Size_{t-1}$					0.045**	0.050***	0.087***	0.009	0.266***
LEV_{t-1}						−0.614***	0.120***	−0.145***	−0.065***
$CASH_{t-1}$							−0.076***	0.124***	0.081***
$Growth_t$								0.071***	0.100***
log (Equity-inc)									0.077***

*、**、***分别表示在 0.10、0.05、0.01 水平上显著（双尾）

另外，我们发现，企业增加创新投资的意愿虽然与广义货币 M2 的增长负相关，但与总经理的股权激励水平 log（Equity-inc）（用总经理持股数量乘以上年末股价再乘以 1%确定和总经理的薪酬水平 log（comp）（取自然对数值）显著正相关，即促进企业创新更重要的是通过激励来激发企业家精神，货币政策由于只能是暂时性的，它不能起到鼓励企业创新的作用。

表 11.2 中我们还发现，总经理的股权激励水平与广义货币 M2 的增长负相关，薪酬水平与广义货币 M2 的增长负相关。这可能是因为在经济周期的底部（经济不景气时期）政府更可能出台宽松的货币政策，如 2009 年，而这个时期股票的价格处于低位，因而计算出的总经理股权激励水平与货币供应量的增长负相关。总经理薪酬与货币供应量增长的关系同理。

2. 回归分析

如表 11.3 所示，我们根据公司是否安排股权激励（总经理是否持股）分别对模型（11.4）进行回归分析，我们发现，代表货币政策变动的变量 ΔMS_{t-1} 在所有的回归结果中系数均为负，尤其在安排有股权激励的公司样本中显著为负，与相关性分析的结果一致。$\Delta MS_{t-1} \times CFI_t$ 的系数为负但不显著。这两个结果表明，宽松的货币政策对公司尤其是安排有股权激励的公司的创新投资产生负面影响，且不能缓解融资约束。

表 11.3　货币政策对不同股权激励公司 R&D 的影响：模型（11.4）的回归结果

变量	全样本				民营样本	
	股权激励		无股权激励		股权激励	无股权激励
	1	2	3	4	5	6
截距	−0.014	−0.015	−0.034*	−0.034*	−0.033	−0.040**
	(−0.704)	(−0.732)	(−1.917)	(−1.890)	(−1.632)	(−2.033)
ΔMS_{t-1}	−0.090***	−0.085***	−0.016	−0.017	−0.074**	−0.023
	(−3.158)	(−2.593)	(−0.619)	(−0.658)	(−2.561)	(−0.781)

续表

变量	全样本				民营样本	
	股权激励		无股权激励		股权激励	无股权激励
	1	2	3	4	5	6
CFI_t	0.014**	0.025	−0.002	−0.007	0.016**	0.003
	(2.017)	(0.677)	(−0.253)	(−0.394)	(2.181)	(0.475)
$\Delta MS_{t-1} \times CFI_t$		−0.064		0.030		
		(−0.288)		(0.321)		
RD_{t-1}	0.037***	0.037***	0.000	0.000	0.032***	−0.003
	(3.360)	(3.353)	(0.020)	(0.027)	(2.753)	(−0.161)
$Size_{t-1}$	0.002**	0.002**	0.002***	0.002***	0.002**	0.002***
	(2.284)	(2.279)	(2.978)	(2.954)	(2.992)	(3.096)
LEV_{t-1}	−0.005	−0.005	−0.001	−0.001	−0.003	−0.001
	(−1.298)	(−1.308)	(−0.186)	(−0.162)	(−0.742)	(−0.288)
$CASH_{t-1}$	0.007*	0.007*	0.008*	0.008*	0.009**	0.006
	(1.756)	(1.726)	(1.828)	(1.850)	(2.330)	(1.294)
$Growth_t$	0.011***	0.011***	0.005*	0.004*	0.010***	0.005*
	(3.878)	(3.879)	(1.752)	(1.746)	(3.513)	(1.752)
$LOSS_{t-1}$	−0.008***	−0.008***	−0.006**	−0.006**	−0.008***	−0.005**
	(−2.771)	(−2.768)	(−2.370)	(−2.384)	(−2.870)	(−2.012)
SOE_i	0.006***	0.006***	0.000	0.000		
	(2.980)	(2.987)	(0.013)	(0.027)		
Industry	控制	控制	控制	控制	控制	控制
Year	控制	控制	控制	控制	控制	控制
Adj.R^2	0.091	0.090	0.037	0.036	0.088	0.041
N	1 514	1 514	1 139	1 139	1 394	910

*、**、***分别表示在 0.10、0.05、0.01 水平上显著（双尾）

注：括号内为 t 统计值

我们看到，安排有股权激励的公司创新投资比较理性：创新投资随着内部现金流 CFI 的增加而增加，随着公司亏损而减少，与公司的投资机会（用销售增长率度量）正相关，与上年度的创新投资水平正相关。而未安排股权激励的公司则不存在这些关系，或者相关性较弱。这些都表明，安排有股权激励的公司的管理层在做决策时比较理性，说明在货币政策宽松时安排有股权激励的公司选择减少创新投入是理性的选择。

如果按薪酬激励程度（按 CEO 薪酬与利润相关性程度将样本分为样本相近的两组）分组回归（表 11.4），结果与按是否安排股权激励分组的检验结果类似，对于薪酬激励水平高的公司，宽松的货币政策对创新投资产生负面影响。

表 11.4　货币政策对不同薪酬激励公司 R&D 的影响：模型（11.4）的回归结果

变量	全样本				民营样本	
	高薪酬激励		低薪酬激励		高薪酬激励	低薪酬激励
	1	2	3	4	5	6
截距	−0.016	−0.018	−0.026	−0.026	−0.032	−0.037*
	(−0.729)	(−0.844)	(−1.415)	(−1.424)	(−1.494)	(−1.922)
ΔMS_{t-1}	−0.083**	−0.060	−0.037*	−0.036	−0.083**	−0.032
	(−2.193)	(−1.365)	(−1.811)	(−1.607)	(−2.102)	(−1.401)
CFI_t	0.014*	0.057	0.000	0.007	0.023***	−0.001
	(1.829)	(1.326)	(0.061)	(0.266)	(2.858)	(−0.212)
$\Delta MS_{t-1} \times CFI_t$		−0.268		−0.039		
		(−1.007)		(−0.259)		
RD_{t-1}	0.064***	0.063***	−0.023*	−0.023*	0.065***	−0.022*
	(4.965)	(4.940)	(−1.911)	(−1.920)	(4.667)	(−1.765)
$Growth_t$	0.007**	0.007**	0.006***	0.006***	0.006**	0.007*
	(2.448)	(2.463)	(2.649)	(2.646)	(2.116)	(1.767)
$LOSS_{t-1}$	−0.006*	−0.006*	−0.007**	−0.007**	−0.008**	−0.007***
	(−1.834)	(−1.843)	(−3.303)	(−3.293)	(−2.382)	(−2.826)
SOE_i	0.003	0.003	0.001	0.001		
	(1.564)	(1.558)	(0.679)	(0.672)		
其他控制变量略						
Adj.R^2	0.072	0.072	0.064	0.064	0.092	0.058
N	1 335	1 335	1 318	1 318	1 152	1 152

*、**、***分别表示在 0.10、0.05、0.01 水平上显著（双尾）

注：括号内为 t 统计值

第 12 章　公司治理对税收政策创新效应的影响

本章我们着重研究公司治理在税收政策向企业创新投资传导过程中的中介作用。税收政策是否只影响那些愿意创新的企业的创新行为？这是值得研究的问题。另外，税收政策是否会被寻租而破坏资源的优化配置，也是我们需要研究的课题。因此，我们以下研究税收政策究竟能促进具有何种公司治理特征的公司增加创新投资，最后研究企业的政治联系是否导致了国家资源的次优配置。

12.1　税收政策对管理者和大股东的创新投资决策的影响

1. 管理者的决策

现在我们考虑两个项目：一般项目和创新项目。为简化起见，假定在税收政策 $TAXP_0$ 下，一般项目和创新项目的收益均为 0，企业不进行投资。在创新优惠的税收政策 $TAXP_1$ 下，一般项目的收益仍然为 0，风险为 σ_1；创新项目的收益为 M_2，风险为 σ_2，且有 $\sigma_1 < \sigma_2$。两个项目的相关系数为 ρ。在两个项目下，管理者都能获得私人收益 B，私人收益是项目投资额 I 的函数。管理者在实施两个项目过程中要付出的成本分别为 C_1 和 C_2，且 $C_1 < C_2$。管理者决定投资于各项目的投资额为 I_1 和 I_2，且 $I_1 + I_2 = 1$。假设管理者的奖金系数为 δ，则管理者的效用函数为

$$U_m = \left(-I_1C_1 + BI_1\right) + \left(\delta I_2M_2 - I_2C_2 + BI_2\right) - \frac{\lambda}{2}\left(I_1^2\sigma_1{}^2 + I_2^2\sigma_2^2 + I_1I_2\rho\sigma_1\sigma_2\right)$$

且

$$I_1 + I_2 = 1 \tag{12.1}$$

管理者选择的投资组合由式（12.2）决定：

$$\frac{\partial U_m}{\partial I_2} = \left(C_1 + \delta M_2 - C_2\right) - \frac{\lambda}{2}\left[-2\sigma_1^2 + 2I_2\sigma_1^{\ 2} + 2I_2\sigma_2^2 + \left(1 - 2I_2\right)\rho\sigma_1\sigma_2\right] = 0 \tag{12.2}$$

假定一般项目与创新项目相互独立，即 $\rho = 0$，解式（12.2）得

$$\begin{cases} I_1^* = \dfrac{\left(C_2 - C_1\right) - \delta M_2 + \lambda\sigma_2^2}{\lambda\left(\sigma_1^2 + \sigma_2^2\right)} \\ I_2^* = \dfrac{\delta M_2 - \left(C_2 - C_1\right) + \lambda\sigma_1^2}{\lambda\left(\sigma_1^2 + \sigma_2^2\right)} \end{cases}$$

当公司未给管理者安排激励制度，即 $\delta = 0$ 时，管理者就会更倾向于选择一般性的项目而非创新项目，即使一般性项目的净现值为负，因为

$$C_2 > C_1 \text{且} \sigma_2 > \sigma_1$$

故有

$$I_1^* > I_2^*$$

当公司给管理者安排了激励制度，即 $\delta > 0$ 时，满足下列条件时，管理者会选择创新项目：

$$\delta M_2 > \left(C_2 - C_1\right) + \frac{\lambda}{2}\left(\sigma_2^2 - \sigma_1^2\right)$$

即税收减免的幅度要使管理者因税收减免而获得的利益超过选择创新项目而要多付出的努力成本加上多承担风险导致的效应的减少额。而管理者因税收减免而获得的利益不仅与税收减免幅度有关，也与公司给管理者的激励程度有关——激励程度越高，管理者越可能选择创新项目。管理者是否选择创新项目还与管理者的风险态度有关——当管理者对待风险中性或偏爱，则 $\lambda \leqslant 0$。当管理者对风险偏好，则 $\lambda < 0$，此时管理者会因项目风险较大而倾向于选择创新项目。因此，授予管理者期权能够扩大税收减免政策对创新投资的促进作用。

2. 大股东的决策

以上讨论的是当股权分散时管理者掌握有公司决策控制权时，当公司的股权较集中时，公司重大投资的决策权通常掌握在大股东手里。这时，由于大股东的持股比例比较高，假设持股比例为 φ，假设大股东在决策时不考虑管理者的努力成本，大股东也不掠夺创新的收益，则大股东的效用函数为

$$U_O = \varphi I_2 M_2 - \frac{\lambda}{2}\left(I_1^2\sigma_1^{\ 2} + I_2^2\sigma_2^2 + I_1 I_2\rho\sigma_1\sigma_2\right)$$

且

$$I_1 + I_2 = 1 \tag{12.3}$$

大股东选择的最优创新投资水平由式（12.4）决定：

$$\frac{\partial U_O}{\partial I_2} = \varphi M_2 - \frac{\lambda}{2}\left[-2\sigma_1^2 + 2I_2\sigma_1^2 + 2I_2\sigma_2^2 + \left(1-2I_2\right)\rho\sigma_1\sigma_2\right] = 0 \tag{12.4}$$

假定一般项目与创新项目相互独立，即 $\rho = 0$，解式（12.4）得

$$I_2^* = \frac{\varphi M_2 + \lambda\sigma_1^2}{\lambda\left(\sigma_1^2 + \sigma_2^2\right)}$$

相应地，最优一般项目的投资水平为

$$I_1^* = \frac{-\varphi M_2 + \lambda\sigma_2^2}{\lambda\left(\sigma_1^2 + \sigma_2^2\right)} \tag{12.5}$$

当 $\varphi M_2 > (\lambda/2)\left(\sigma_2^2 - \sigma_1^2\right)$ 时，大股东选择扩大创新投资而不是一般性项目投资。

由于创新项目经济可行，有

$$M_2 > \frac{\lambda}{2}\sigma_2^2$$

而在货币政策不变时，计划新增的一般性项目投资并不经济，即

$$M_1 = 0 < \frac{\lambda}{2}\sigma_1^2$$

因而有

$$M_2 > \frac{\lambda}{2}\left(\sigma_2^2 - \sigma_1^2\right)$$

因而存在一个 φ 使 $\varphi M_2 > (\lambda/2)\left(\sigma_2^2 - \sigma_1^2\right)$ 成立。也就是说，只要第一大股东持股比例足够高，或者税收减免幅度够大，企业就会选择扩大创新投资。

12.2　薪酬激励对税收优惠政策效用的影响：实证研究

根据以上的理论分析，我们提出以下假设供检验。

$H_{12.1}$：当公司未设立奖励金制度也未安排股权激励制度时，税收优惠政策不会促进企业加大创新投资。

$H_{12.2}$：当公司设立奖励金制度时，税收优惠政策能够促进企业加大创新投资，而且税收对创新的促进程度与激励程度正相关。

$H_{12.3}$：当公司设立期权激励时，税收优惠政策能够促进企业加大创新投资。

$H_{12.4}$：当公司股权比较集中时，税收优惠政策能够促进企业加大创新投资。

为了检验以上的假设，本节选取了 2007~2014 年中小企业板和创业板上市的 760 个公司作为研究样本，共有 2 653 个公司-年度数据。R&D 费用没有披露的默认为 0。本节的财务数据和公司治理数据均来自 CSMAR 数据库，研发数据来自 Wind 数据库。公司是否安排薪酬激励，是由公司近几年的利润（或净资产利润率）与总经理薪酬的相关系数确定的。若相关系数大于 0，认定为安排了薪酬激励；如果相关系数为 0 或负值，则认定为未安排薪酬激励。股权激励的认定则按总经理或董事长是否持股以及是否授予期权来确定。当第一大股东持股比例高于 20%或等于 20%时认定为股权集中。企业所得税税率从公司年报的附注披露中取得。回归模型用如下存量模型和双重差分（diferece-in-diference）模型分组进行检验：

$$\mathrm{RD}_{it}=\alpha+\beta\mathrm{Tax}_t+\gamma\mathrm{CFOA}_{it}+\sum\gamma_j\mathrm{Control}_{i,t-1}^j+\varepsilon_{it} \quad (12.6)$$

$$\Delta\mathrm{RD}_{it}=\alpha+\beta_1\mathrm{Tax\_inc}_t+\beta_2\mathrm{Tax\_dec}_t+\gamma\mathrm{CFOA}_{it}+\sum\gamma_j\mathrm{Control}_{i,t-1}^j+\varepsilon_{it} \quad (12.7)$$

其中，$\Delta\mathrm{RD}_{it}$ 为公司 i 第 t 年的 R&D 费用除以当年销售收入减去第 t−1 年的 R&D 费用除以第 t−1 年销售收入；$\Delta\mathrm{Tax}_t$ 为第 t 年的企业适用的所得税税率减去第 t−1 年企业适用的所得税税率，当 $\Delta\mathrm{Tax}_t>0$ 时 $\mathrm{Tax\_inc}_t=1$，否则 $\mathrm{Tax\_inc}_t=0$，当 $\Delta\mathrm{Tax}_t<0$ 时 $\mathrm{Tax\_dec}_t=1$ 否则 $\mathrm{Tax\_dec}_t=0$；CFOA_{it} 为第 t 年公司的经营活动产生的现金净流量除以年初的总资产；$\mathrm{Control}_{i,t-1}$ 为控制变量，包括第 t−1 年末权益总市值的自然对数值 Size_{t-1}，第 t−1 年的资产负债率 LEV_{i-1}，国有控股哑变量 SOE_{it}，第 t−1 年的货币资金占第 t−1 年总资产的比重 $\mathrm{CASH}_{i,t-1}$，第 t−1 年相比第 t−2 年的销售增长率 $\mathrm{Growth}_{i,t-1}$，上年度公司亏损的哑变量 $\mathrm{LOSS}_{i,t-1}$，上年度 R&D 支出收入比 $\mathrm{RD}_{i,t-1}$，自然年度减去 2006 的线性变量 Year_t 和行业哑变量 $\mathrm{Industry}_j$。

表 12.1 是简单的描述性统计，在所有的 2 653 个样本中，所得税税率下降的样本有 191 个，平均所得税下降 10.1%，该组公司平均在 R&D 方面增加支出为总资产的近 1%，当年该组公司的股票年平均收益为 77.5%；所得税税率上升的样本有 152 个，平均所得税上升 6.3%，该组公司平均在 R&D 方面增加支出为总资产的 0.35%，当年该组公司的股票年平均收益为 38.82%；Student-t 统计结果显示，所得税率下降的公司增加的 R&D 支出显著地高于所得税税率上升的公司，股票年收益同样如此。在所得税税率下降的样本中国有控股公司占 18.32%，在所得税税率上升的样本中国有控股公司只占 13.16%。

表 12.1 变量的描述性统计（均值及检验）

所得税变化	N	ΔTax_t	ΔRD_t	SOE_t	Stock return
$\Delta Tax_t < 0$	191	− 10.10%	0.998 3%	0.183 2	0.775 0
$\Delta Tax_t = 0$	2 310	0	0.814 7%	0.127 3	0.260 8
$\Delta Tax_t > 0$	152	6.30%	0.349 3%	0.131 6	0.388 2
t统计值			2.718***		4.406***

*、**、***分别表示在 0.10、0.05、0.01 水平上显著（双尾）

表 12.2 是模型（12.6）的 OLS 回归结果。结果显示，所得税税率仅当股权集中时才发挥作用，即在表 12.2 的最后一列股权集中（第一大股东持股比例超过 20%）时 Tax_t 的系数在 5%水平上显著为负，表明企业的所得税税率越低，企业创新投资水平越高。然而，企业所得税税率可能是根据企业 R&D 投资的水平来定的，当 R&D 支出占总资产的比重较高时，企业可能被认定为高新技术企业，从而享受减半缴纳企业所得税的优惠。如果这个理由成立，那么当股权分散时，Tax 也应该与 R&D 支出负相关。但表 12.2 的前四列回归结果都显示了所得税税率与企业 R&D 支出不存在显著的相关关系。因此，$H_{12.4}$ 得到支持，而 $H_{12.1}$~$H_{12.3}$ 都未得到支持。这说明所得税税率的减免幅度不够抵消管理者为创新而增加的努力成本，因而不能刺激管理层加大创新投资力度。

表 12.2 所得税税率对不同股权结构公司 R&D 的影响：模型（12.6）的回归结果

变量	股权分散				股权集中
	薪酬激励	股权激励	无激励	Total	Total
截距	− 0.031 7	− 0.071 6	− 0.453 8	− 0.041 8	− 0.000 1
	（− 0.622）	（− 1.503）	（− 0.784）	（− 0.951）	（− 0.010）
Tax_t	− 0.000 2	− 0.000 4	− 0.004 0	− 0.000 3	− 0.000 2**
	（− 0.504）	（− 0.944）	（− 1.107）	（− 0.906）	（− 2.115）
$CFOA_t$	0.036 8	− 0.027 7	0.260 6	− 0.025 3	− 0.014 1***
	（1.432）	（− 1.189）	（0.853）	（− 1.169）	（− 3.851）
RD_{t-1}	0.876 4***	0.866 8***	0.447 2	0.857 1***	0.849 8***
	（28.886）	（31.212）	（1.612）	（32.734）	（72.330）
$Size_{t-1}$	0.002 0	0.004 0*	0.024 6	0.002 8	0.000 6
	（0.891）	（1.832）	（0.918）	（1.398）	（0.830）
LEV_{t-1}	− 0.012 2	− 0.005 6	− 0.035 5	− 0.001 6	− 0.001 6
	（− 1.003）	（− 0.484）	（− 0.229）	（− 1.143）	（− 0.438）
$CASH_{t-1}$	0.023 1*	0.018 8	0.056 1	0.014 5	0.014 1***
	（1.804）	（1.633）	（0.578）	（1.380）	（3.851）
$Growth_t$	0.019 7**	0.017 7**	− 0.089 1	0.012 4*	− 0.000 6
	（2.468）	（2.202）	（− 0.950）	（1.820）	（− 0.231）

续表

变量	股权分散				股权集中
	薪酬激励	股权激励	无激励	Total	Total
$LOSS_{t-1}$	−0.000 4	−0.004 5	−0.031 8	−0.014 8**	−0.009 7***
	(−0.048)	(−0.538)	(−0.961)	(−2.148)	(−4.143)
Industry	控制	控制	控制	控制	控制
Year	控制	控制	控制	控制	控制
Adj.R^2	0.845	0.833	0.351	0.826	0.787
N	298	337	13	395	2 258

*、**、***分别表示在 0.10、0.05、0.01 水平上显著（双尾）

注：括号内为 t 统计值

表 12.3 是模型（12.7）的 OLS 回归结果。双重差分模型能够较好地消除内生性问题对回归结果的影响。回归结果显示，Tax_inc_t 和 Tax_dec_t 的系数几乎都不显著，只有 Tax_inc_t 的系数在股权集中的样本中 1%的水平上显著，说明大部分的企业创新投资对所得税税率不敏感，只有当股权集中时，所得税税率的提高对企业创新产生较大的负面影响。这些结果都表明了，一方面，国家财政政策还没有重大到影响企业的创新投资决策；另一方面，公司治理机制也会影响企业 R&D 投资对财政政策的敏感度。因此，国家如何制定能够有效地影响企业创新投资行为的财政政策，是需要深入研究的问题。也有可能是因为国家财政政策对某些企业的倾斜会受到一些人为因素的影响，如寻租的影响，从而使创新型企业要能够得到国家政策的优待是需要花费成本的，这会造成国家财政政策的失效。我们认为，公平公正可能是国家财政政策发挥促进企业创新投资作用的重要保障。

表 12.3　所得税税率变更对不同股权结构公司 R&D 的影响：模型（12.7）的回归结果

变量	股权分散				股权集中
	薪酬激励	股权激励	无激励	Total	Total
截距	−0.096 0**	−0.140 8***	−0.674 9*	−0.107 6***	−0.038 2***
	(−2.583)	(−4.067)	(−2.481)	(−3.415)	(−3.044)
Tax_inc_t	0.001 3	−0.000 2		0.000 8	−0.006 0***
	(0.191)	(−0.027)		(0.138)	(−3.494)
Tax_dec_t	0.003 6	0.003 7	0.009 0	0.003 6	−0.000 0
	(0.816)	(0.842)	(0.397)	(0.922)	(−0.013)
$CFOA_t$	−0.011 9	−0.005 5	0.083 0	−0.004 9	0.008 2
	(−0.615)	(−0.308)	(0.623)	(−0.297)	(1.621)
$Size_{t-1}$	0.004 9***	0.007 1***	0.032 9*	0.005 5***	0.002 1***
	(2.836)	(4.383)	(2.609)	(3.786)	(3.539)
LEV_{t-1}	−0.011 6	−0.016 2*	−0.150 0*	−0.014 1*	−0.003 0
	(−1.311)	(−1.874)	(−2.477)	(−1.881)	(−1.013)
$CASH_{t-1}$	0.016 4*	0.007 8	0.024 8	0.009 4	0.009 0***
	(1.711)	(0.889)	(0.476)	(1.188)	(2.879)

续表

变量	股权分散				股权集中
	薪酬激励	股权激励	无激励	Total	Total
$Growth_t$	0.007 1 (1.213)	0.006 9 (1.164)	−0.004 6 (−0.089)	0.005 8 (1.140)	0.007 4*** (3.580)
$LOSS_{t-1}$	0.001 5 (0.226)	0.003 3 (0.525)	−0.028 7 (−1.708)	−0.003 9 (−0.753)	−0.007 1*** (−3.539)
SOE_{it}	0.004 2 (0.916)	0.005 4 (1.194)	−0.003 0 (−0.140)	0.004 2 (1.039)	0.002 6** (2.159)
Industry	控制	控制	控制	控制	控制
Year	控制	控制	控制	控制	控制
Adj.R^2	0.116	0.117	0.698	0.108	0.057
N	298	337	13	395	2 258

*、**、***分别表示在 0.10、0.05、0.01 水平上显著（双尾）

注：括号内为 t 统计值

12.3　管理者政治关联、社会责任履行与企业创新

在 12.2 节中我们发现，国家促进企业创新的所得税政策并未发挥出应有的作用，有可能是该政策在实施过程中受到了寻租等人为因素的影响。在这里，我们希望能够揭示政治因素对国家宏观政策发挥作用的影响。

正处于社会转型时期的中国，政治关联在社会经济活动中发挥着不可忽视的作用。政治关联可以帮助企业获得更有利的监管环境（Agrawal and Knoeber，2001），获得更低成本的银行贷款（Faccio，2006），从而改善企业的经营状况、提高企业的价值（Fisman，2001；Johnson and Mitton，2003）。对于转型期的中国来说，政治关联是使企业处于有利地位的重要方式之一。在有效的市场机制和成熟的法律系统缺失的大环境下，管理者获得政治上的关联对于企业来说，无论是议价能力还是获得更优的资源都十分关键。企业可以利用政治关联这一因素来提高对政策波动的应变能力，得到政府的更多支持和帮助。

管理者会从两个方面来运用其政治关联：一是利用其政治关联从外部获取稀缺资源。例如，政治关联可以帮助企业降低政府的监管力度从而在一定程度上能够减少交易合契的执行成本（Faccio，2006）；政治关联使企业更容易以较少的抵押来获得相对较多的贷款（Charumllind et al.，2006）；政治关联使企业不仅能够获得更多的债务融资，而且可以以更低的贷款成本进行融资、拥有更长的贷款期限并且拥有更宽松的贷款条件（余明桂和潘红波，2008）等。二是借用公司的资源为其政治关联的构建买单。例如，让公司做公益、捐赠等，为自己的政治前

途打基础，但不愿意为企业的前途做创新投资。本节我们从第二个方面着手研究高管的政治关联与社会责任履行和企业创新的关系。

企业履行社会责任本是反映一个企业有“责任感”的信号，也反映企业的高管有比较高的“道德”的信号。但是当高管具有政治目标时，企业履行社会责任就可能是高管为了自己的政治前途而为之。此时，无论是利益相关者还是股东整体财富都不能得到最大化，而管理者才是履行社会责任的最终受益者（Friedman，1970）。在中央政府强调企业创新的当前，企业投资也应该是企业履行社会责任的一种表现，但现有的企业社会责任评价体系中并未将企业创新指标纳入，因而，有机会主义动机的管理者会偏爱于非创新的社会责任履行，而减少创新责任的履行。当管理者拥有政治地位（如担任人大代表、政协委员）时，管理者具有标榜自己社会责任的倾向，而漠视社会责任的真实履行。因而，我们预期有政治关联的CEO倾向于简单的履行社会责任（如捐赠、信息披露等）而规避动真格的花精力的社会责任（如创新）的履行，即我们的假设如下。

$H_{12.5}$：有政治关联的企业有更高的社会责任披露水平。

$H_{12.6}$：有政治关联的企业有更低的 R&D 支出水平。

$H_{12.7}$：有政治关联的企业社会责任披露水平与 R&D 支出水平负相关。

为了检验以上假设，我们选取了 2010~2014 年中国深交所 A 股上市公司作为基础研究样本。由于一些行业的创新投资水平会比较低，如金融业，以及那些陷入财务困境的企业，在所有深交所 A 股公司样本的基础上，我们：①剔除了金融行业企业；②剔除 ST、PT 企业；③剔除相关数据缺失的样本。企业社会责任的履行评价数据来自和讯网——A 股上市公司企业社会责任报告评价。本节还排除了和讯网没有披露社会责任评分的公司。最终得到 2 417 个样本观测值。公司财务数据来源于色诺芬数据库和 Wind 数据库。

现有文献中政治关联的划分和量化不尽相同，到目前为止尚无定论。具体而言，主要包括以下四种方式：①采用虚拟变量，0 代表无政治关联，1 代表有政治关联，这种方法出现的频率最高（本章采用此度量方法）；②将企业中各个层级的员工按行政级别高低或者关系亲密程度进行排序，赋予其不同的权重，结合其政治关联予以打分，以此来度量企业的政治关联；③采用有政治关联的董事占董事会总人数的比重来量化；④在国外文献中采用的较多方法是以企业在政治竞选中对候选人的政治捐赠额为度量标准，但此方法不适合我国的国情研究。

在现有研究的基础上，结合本章的研究目的及手段，结合我国国情，本章将政治关联定义为：依据董事长和总经理的两职设置状况，若企业董事长或总经理两者中有一人或者都在政府、人大、政协或军队中任职或者曾经任职，则认为该企业是有政治关联的，用 1 表示；如果董事长和总经理都不曾担任任何政治类职务，则认为该企业不存在任何政治关联关系，用 0 表示。以上关于政治关联的信息主要采用深交所上市公司公开披露的公司年度报告、企业高级管理人员的人员变动信息以及关于企业的各种重大信息通过手工收集而得。

检验 $H_{12.5}$ 的模型如下：

$$\begin{aligned}\text{CSR}_{it} &= \beta_0 + \beta_1\text{PC}_{it} + \beta_2\text{SIZE}_{it} + \beta_3\text{ROE}_{it} + \beta_4\text{Tobin's}Q_{it} \\ &\quad + \beta_5\text{CASHOA}_{it} + \beta_6\text{CFOA}_{it} + \sum_j \text{Industries}_j + \varepsilon_{it}\end{aligned} \tag{12.8}$$

其中，CSR 为企业社会责任披露水平，用和讯网社会责任评价报告得分度量；PC 为代表企业 CEO 是否拥有政治关联的哑变量；ROE 为公司的净资产利润率；Tobin'sQ 为企业的 Tobin'sQ 值；CASHOA 为货币资金比率；CFOA 为公司的经营现金流量用总资产标准化；Industries 为公司所在行业的哑变量。

检验 $H_{12.6}$ 的模型如下：

$$\begin{aligned}\text{RDR}_{it} &= \gamma_0 + \gamma_1\text{PC}_{it} + \gamma_2\text{SIZE}_{it} + \gamma_3\text{ROE}_{it} + \gamma_4\text{Tobin's}Q_{it} \\ &\quad + \gamma_5\text{CASHOA}_{it} + \gamma_6\text{CFOA}_{it} + \sum_j \text{Industries}_j + \varsigma_{it}\end{aligned} \tag{12.9}$$

其中，RDR 为 R&D 资金占比。其他变量同模型（12.8）。

检验 $H_{12.7}$ 的模型如下：

$$\begin{aligned}\text{RDR}_{it} &= \alpha_0 + \alpha_1\text{PC}_{it} + \alpha_2\text{CSR}_{it} + \alpha_3\text{PC}_{it} \times \text{CSR}_{it} + \alpha_4\text{SIZE}_{it} + \alpha_5\text{ROE}_{it} \\ &\quad + \alpha_6\text{Tobin's}Q_{it} + \alpha_7\text{CASHOA}_{it} + \alpha_8\text{CFOA}_{it} + \sum_j \text{Industries}_j + \tau_{it}\end{aligned} \tag{12.10}$$

变量定义如表 12.4 所示。

表 12.4　主要变量定义表

变量名称	变量符号	变量定义（计算方法）
社会责任	CSR	和讯网上市公司企业社会责任评价报告得分
政治关联	PC	董事长或总经理是否在政府、人大、政协或军队中任职或曾经任职，是为 1，否为 0
R&D 资金占比	RDR	R&D 费用占当年营业收入总额的比重
企业规模	SIZE	公司年末总资产的自然对数
净资产利润率	ROE	净利润/净资产
经营现金流量比率	CFOA	经营现金流量/总资产
货币资金比率	CASHOA	货币资金/总资产
Tobin'sQ 值	Tobin'sQ	公司的市场价值/资产重置成本

模型（12.8）的回归结果如表 12.5 所示。回归结果显示，当公司的 CEO（总经理或董事长）具有政治联系时，公司的社会责任履行披露显著（5%水平）好于 CEO 无政治联系时，$H_{12.5}$ 得到支持，表明企业的经理人可能会为了个人的政治前途而有意地提高社会责任的履行或披露。

表 12.5　CEO 政治关联与社会责任披露：模型（12.8）的回归结果

变量	系数	t 统计值
PC	0.425	2.461**
SIZE	0.725	6.494***
ROE	3.066	2.384**
CFOA	2.805	2.517**
CASHOA	1.807	3.474***
Tobin'sQ	0.073	1.414
截距	− 12.367	− 5.139***
Industry	控制	
Adj.R^2	0.049	
N	2 417	

、*分别表示在 0.05、0.01 水平上显著（双尾）

模型（12.9）的回归结果见表 12.6，在控制 CSR 的情况下，当公司的 CEO（总经理或董事长）具有政治联系时，公司的 R&D 支出水平显著（10%水平）较低。如果不控制 CSR，结果将会更显著，表明有政治联系的 CEO 更不喜欢创新投资。

表 12.6　CEO 政治关联与企业创新：模型（12.9）的回归结果

变量	系数	t 统计值
PC	− 0.004	− 1.905*
CSR	− 0.001	− 4.384***
SIZE	− 0.001	− 0.335
ROE	− 0.034	− 1.951*
CFOA	− 0.031	− 2.066**
CASHOA	0.133	19.020***
Tobin'sQ	0.004	5.988***
截距	0.030	0.910
Industry	控制	
Adj.R^2	0.208	
N	2 415	

*、**、***分别表示在 0.10、0.05、0.01 水平上显著（双尾）

注：表中公司样本量少 2 个是因为 2 个公司的 R&R 数据缺失，下同

表 12.7 是模型（12.10）的回归结果。结果显示，不管是有政治关联抑或没有政治关联，公司注重于社会责任的披露时创新投资都会偏低。这可能是因为社会责任的履行和披露都能给企业经理人带来好的声誉。但当公司将资源用于社会责任的履行时，重要的创新投资却在减少。因而，过分地强调社会责任的履行并不是件好事，它可能造成企业在创新方面的投入被挤占而减少。

表 12.7　CEO 政治关联、CSR 与企业创新：模型（12.10）的回归结果

变量	系数	t 统计值
PC×CSR	−0.001	−2.911***
（1−PC）× CSR	−0.001	−4.239***
SIZE	−0.001	−0.411
ROE	−0.034	−1.980**
CFOA	−0.031	−2.038**
CASHOA	0.135	19.310***
Tobin'sQ	0.004	6.039***
截距	0.030	0.932
Industry	控制	
Adj.R^2	0.207	
N	2 415	

、*分别表示在 0.05、0.01 水平上显著（双尾）

总之，本部分的研究结果表明，有政治关联的经理人更倾向于社会责任的履行及披露，而相应地减少了企业创新的投入水平。虽然有政治关联时 CSR 与 R&D 的关系同 CEO 没有政治关联时 CSR 与 R&D 的关系没有区别，但当 CEO 有政治关联时 CSR 更高，因而 R&D 会更低，即 CEO 有政治关联会伤害企业的创新。

12.4　管理者政治关联、税负与企业创新

虽然有政治关联的经理人会为了自己的政治前程而利用公司的资源去履行社会责任，并且相应降低创新的投入，因而具有自私的一面，但对企业来讲，企业管理者的政治关联也会有积极的一面，那就是通过政治关联为企业争取一些外部的稀缺资源，如通过政治关联获得高新技术企业的认证以降低企业的税负。这种做法虽然有利于企业的股东，但却干扰了国家的创新政策的正确实施，造成国家稀缺资源的错配。因此，本章我们致力于检验经理人的政治关联是否被用于向政府寻租以获得高新技术企业认证，这种寻租的结果是这些企业的 R&D 支出在高新技术企业里处于比较低的水平。

2008 年 4 月 14 日，《高新技术企业认定管理办法》规定，高新技术企业的认定必须同时满足下列条件：高新技术企业是知识和智力密集型，需要高额投资，并伴随着高风险和高收益的产业。2008 年 1 月 1 日起实施的新企业所得税法重新规定了高新技术企业的认定条件、税率和相关税收优惠，国家认定的高新技术企

业减按 15%的税率征收企业所得税。由于高新技术企业的认定标准比较模糊，存在比较大的寻租空间，这为具有政治关联的企业提供了很大的方便。

企业经理人寻求政治联系，是符合国家政策的。政府希望企业特别是民营企业与政府之间有比较紧密的联系，以便能够在民营企业中推行政府的一些政策，并促进那些有巨大影响力的企业家阶层忠诚于党。因此，政府也有意向有政治关联的企业倾斜优惠政策。然而，这种互惠的选择并不是最优的，因为它破坏了公平原则，会导致资源的次优配置。

政府与企业家官员的互惠也是讲规则的。企业家不去找政府，政府是不会主动找企业家的，而拥有政治联系的企业家往往是带着任务去找政府的。政府为了能够对企业施加影响，或者某些政府官员为了得到好处，而给寻租的企业优惠政策，这样，双方就形成了交易。在这种交易过程中，不仅有权力的交易，也可能会有金钱的交易。因而，借用政治联系而进行的寻租活动以及政府对寻租的默认有可能会导致腐败。从这个角度讲，如果政治关联与税收优惠相联系，这种现象应该引起高度的重视，是需要解决的问题。因而，本章具有重要的现实意义。

1. 文献回顾

Khwaja 和 Mian（2005）直接或间接地发现，企业大多会建立政治联系，其目的往往是向掌握资源分配权的政府或政府官员寻租，如果政府官员的权力集中度较高，政治透明度越低，政府官员的权力行使缺乏有效监督，那么政府官员手中的权力被寻租的情况就越盛行。Chen 等（2011）经过研究发现，在金融制度越落后、政府的管制越多、政府体系越薄弱的国家或地区，企业越有动机建立政治关联，以此来克服制度的缺乏对企业发展的阻碍，通过建立政治关联，企业往往可以从中获得许多好处，如融资便利与优惠、更低的实际税率、更多的财政补贴，而这些资源的获取又影响着企业的经济行为进而影响企业和社会的绩效。制度落后的国家或地区中，政府官员掌握着制度制定和优惠补助发放等行为的特权，同时由于企业的创新专利权难以得到有效的保护，建立政治联系可以帮助企业应对市场、政府和法律中的失效地带，有利于企业竞争优势的获得和维持。

La Porta 等（2002）发现政治关联有助于企业获取国有控股银行的长期贷款。Sapienza（2004）、La Porta 等（2003）发现政治关联有助于获得低利率贷款。虽然政府不是直接赋予企业较低的贷款利率，但是企业贷款的银行从某种意义上说是隶属于政府的，也就会施与这些政治关联企业以低于无政治联系企业的贷款利率。Bertrand 等（2004）研究发现，由前任政府官员管理运行的企业受到政府过多的优待，也享受着更多的国家补贴，政治关联有助于通过行政职权为公司贷款提供担保。Chaney（2007）认为政治关联有助于公司获得紧急融资。Fisman（2001）、Johnson 和 Mitton（2003）认为政治关联使企业从政府管理资本中获利，有利于缓解企业融资约束，从而为企业带来更高的增长率和优越的绩效表现。

Shleifer 和 Vishny（1994）研究的结果揭示了国有企业和政府之间天然具有的关系，因为政府官员会从国企的持续经营中获取政治收益和私有收益，如通过过度投资虚增 GDP，从而获得提升等，所以地方政府会支持并偏爱当地国企。Reinikka 和 Svensson（2004）研究发现政府官员的腐败行为会在一定程度上通过政府的项目转移给企业，政府利益和企业关联在一起，企业甚至帮助政府转嫁某些不合理支出，这说明政府关联企业可以优先得到某些授权，可能这些授权是不正当利益。

政府把垄断与特权优先分配给政府关联企业的行为，往往既导致了非政治关联企业的资源获取陷入一定的困境，进而会扭曲资源配置效率，反过来又阻碍了政治关联的创新动力。Romer（1990）研究分析了知识的外部性给企业的技术创新投入带来的影响，指出技术和人力资本都是知识在生产中的体现，技术具有非竞争性和部分排他性特征，而人力资本具有竞争性特征，对创新活动进行直接补贴是一项最好的政策。Falk（2004）认为，政府对企业技术创新的直接补贴可以缓减企业的资本约束，从而使企业有足够的资金从事创新活动。有些外国学者所做的研究表明政治关联对公司价值有正面的作用，但是也有许多研究表明政治关联降低了企业的绩效。

Shleifer 和 Vishny（1994）认为政治家通过财政支出向企业提供补贴很可能是政治家与企业家之间的双向贿赂和寻租活动，拥有行政资源的政府部门可以通过设置较多的审批环节来获得更多的管制权力和寻租机会。Magee 等（1989）考虑了一种极端情况，即当寻租资本的投资回报相对生产资本的投资回报变得足够大时，几乎所有的资本都将被用于寻租，此时，经济中不再有其他生产活动，寻租完全被挤出生产。其他国外学者也得出了寻租会扭曲社会稀缺资源有效配置、损害社会福利，从而影响经济增长的结论。

存在着政治关联使高新技术企业更易获取各种稀缺资源和竞争优势，在给企业带来一部分好处的同时，又会诱发企业管理层的寻租行为，企业需要通过转移财富来支付寻租租金，导致了有利资源的错配，可能使政治关联企业的经济业绩表现差于非关联企业。Faccio（2006）指出在各个国家中普遍存在的现象是当企业的管理人员进入政府机关等任职后，企业存在政治关联而更可能发生腐败行为，政治关联引入官员寻租和政治腐败。政治关联也有可能减损企业价值，政治关联带来市场失灵，诱发企业对于额外利益的攫取。Buchanan（1980）认为寻租是一种经济主体借助于政府保护进行的寻求财富转移的活动，而并非创造财富，因而是一种非生产性的浪费社会资源的行为。

在国内，朱平芳和徐伟民（2003）基于样本数据关于上海市政府的高新激励政策对大中型工业企业新技术创新的影响进行了实证检验，研究了政府补贴对企业技术创新研发的作用，得出结论是政府补助和税收优惠均对企业的科技创新研发投入有利，企业对于创新研发的投资可以明显提高专利的产出，而政府对企业创新投资的补助对专利产出的影响相对缓慢。

科技研发创新和技术发展进步是国民经济提升的关键，国家颁布和实施了一系列税收减免、优惠等政策以推动高新技术产业的发展，税收优惠政策的作用在于降低企业一部分支出，促进创新研发在各个过程环节之间的生产、流转和产业化（于蔚等，2012）。许多地方政府为了促进创新，会制定针对创新的财政补贴政策。然而，财政补贴政策的认定和审批需要经过相关政府部门，具有政治联系的企业更容易成功通过这些程序获得财政补贴（余明桂等，2010）。因此，当企业处于法治水平较低和产权保护不强的环境下，政治关联可以缓解落后的制度对企业发展的阻碍作用，对企业困境的缓解起到促进作用，使企业获得稀缺优质资源，有利于企业的持续性发展。

政府为实现其政治目标、享受到额外利益，会对政治关联的高新技术企业施加政治干预，因此政治关联企业要替政府承担一部分扩大就业规模、履行社会稳定的社会职责（梁莱歆和冯延超，2010）。结果，政治联系减少了公司的创新投资（杜兴强等，2012），存在政治联系的上市公司在获得政府资助的 R&D 投资后，其获得政府资助的 R&D 资金并未发挥对企业创新投资的促进作用，却使上市公司的创新研发投入减少，即对于企业的创新研发具有反作用（赵付民等，2006）。地方政府在选择企业创新补贴对象的过程中发生寻租行为，企业通过寻租取得创新补贴，但是这些企业的创新研发并没有得到提升，结果只是造成社会稀缺资源的错配（邢祖礼和周文，2011）。政治关联对创新绩效的表现不利，研究结果显示政治联系会抑制研发投资强度的提高，由于企业研发投资的不足以及对创新的重视程度不够，创新绩效往往较低，这些负面影响启示我们要学会避免政治关联对创新研发投资的作用（罗明新等，2013）。

2. 研究样本

本章选取 2006 年 12 月 31 日前在我国深交所上市的公司作为研究样本，并选取 2007~2013 年的数据作为研究样本，根据科学技术部 2008 年 4 月 14 日发布的《〈高新技术企业认定管理办法〉的通知》的相关内容作为评判标准来确定高新技术企业。数据处理分析采用 SPSS 19.0 统计分析软件。将数据根据以下标准进行了相关筛选：①剔除变量数据披露不完整的公司。②剔除 ST、*ST 及交易状态异常的公司。③剔除高管信息披露不足的公司。经过上述步骤，共得到 1 101 家公司 3 706 个样本观测值。

根据《国民经济行业分类》（GB/T4754—2011），有：A 农、林、牧、渔业；B 采矿业；C 制造业；D 电力、热力、燃气及水生产和供应业；E 建筑业；F 批发和零售业；G 交通运输、仓储和邮政业；H 住宿和餐饮业；I 信息传输、软件和信息技术服务业；J 金融业；K 房地产业；L 租赁和商务服务业；M 科学研究和技术服务业；N 水利、环境和公共设施管理业；O 居民服务、修理和其他服务业；P 教育；Q 卫生和社会工作；R 文化、体育和娱乐业；S 公共管理、社会保障和社会组织；T 国际组织。一般来看，制造业的存在价值是满足市场要求，产品包括人们使用的大型工具、生产消费的产品和工业品，另外，制造业必然需要投入大量的资源和技术，生产技术的提高则可以节省资源，因此，高科技对于制造业的重要性明显高于其他行业。

鉴于每个行业创新投入的特点，由于高新技术的特殊性，本章选取的数据包括制造业（C），信息传输、软件和信息技术服务业（I），建筑业（E），交通运输、仓储和邮政业（G）四个行业。其中，制造业在整个国民经济中占据着举足轻重的地位，作为整个社会经济的重要细胞，制造业行业的竞争行为及创新是决定经济增长和经济发展的重要驱动力量。企业的创新能力决定着企业在未来发展中的潜力，只有拥有高科技和新技术的企业才会在未来的激烈竞争中抢占有利先机，在整个社会经济的发展中起着至关重要的作用。企业对于创新投入产出、创新效率、能耗水平和环境保护等方面的投资力度，体现了企业管理层对于高新科技的重视程度，本章的研究结果对提高我国高新科技行业的创新投入效率和积极引导企业进行高新科技建设的战略目标定位均具有积极的意义。

关于企业的政治关联情况，根据 CSMAR 数据库获得企业董事长和总经理的个人资料，通过手工整理，得到政府官员在省市县乡等各级政府机关的任职经历和担任各级人大代表、政协委员经历。研发投资创新活动的衡量指标是企业的创新 R&D 支出，是根据中国证券监督管理委员会指定信息披露网站（巨潮资讯网）发布的公司年报数据手工整理而成。公司基本信息、R&D 费用等其他财务信息也来自 CSMAR 数据库。

3. 政治关联与高新技术企业认定

有政治关联的企业是否会利用其与政府的关系的便利条件实施寻租呢？为了回答这个问题，需要回答以下三个问题：①有政治关联的企业是否更可能获得高新技术企业认证？②有政治关联的企业是否在所得税方面获得更多的优惠？③有政治关联的企业创新支出是否不比同行业无政治关联的企业高？

寻租会破坏公平竞争和经济秩序，造成国家稀缺资源的次优配置。根据现有的文献，有政治关联的企业会有更低的 R&D 支出。如果拥有较低 R&D 支出的企业更可能获得高新技术企业认定，那么不公平和资源的次优配置就发生了。

为了回答问题①，我们建立以下模型进行 OLS 回归分析：

$$
\begin{aligned}
\text{Hitech} = {} & \alpha_0 + \alpha_1\text{Chairpc} + \alpha_2\text{Size} + \alpha_3\text{OCF} + \alpha_4\text{First} + \alpha_5\text{Board} \\
& + \alpha_6\text{LEV} + \alpha_7\text{ROA} + \alpha_8\text{TURN} + \alpha_9\text{Tobin's}Q + \alpha_{10}\text{SOE} \\
& + \sum_i \beta_i\text{Industires}_i + \sum_j \gamma_j\text{Year}_j + \varepsilon
\end{aligned} \tag{12.11}
$$

其中，Hitech 为高新技术企业的哑变量，当公司为高新技术企业时，Hitech 取 1，否则取 0；Chairpc 为企业董事长或总经理现在或曾经担任政府官员、政协委员、人大代表等职务的哑变量，存在上述情景时取 1，否则取 0；Size 为公司规模，用总资产的自然对数度量；OCF 为经营现金流量，除以总资产以标准化；First 为股权集中度，用第一大股东持股比例+1 的自然对数值度量；Board 为董事会规模，用董事会总人数+1 的自然对数值度量；LEV 为负债比率，用期末负债总额除以总资产度量；ROA 为总资产报酬率；TURN 为总资产周转率；Tobin'sQ 为公司的 Tobin'sQ 值，用年末股票总市值加负债账面值除以总资产账面值度量；SOE 为第一大股东持股比例，为国有性质时取 1，否则取 0。模型控制了行业哑变量（Industires_i）和年度哑变量（Year_j）。

政治关联的界定有许多种。本章首先用哑变量研究经理人（董事长或总经理）是否曾经或当前是政府官员对企业获得高新技术企业认证的影响。在政府中任职包括在国家、省、厅、县、乡等政府机关及人大、政协中任职或者在军队中任职等，则企业存在政治关联。

受官本位传统思想的影响，不同级别的官员在行使政府权力时职责权限不同，在中国社会的各个领域均普遍存在严密的行政等级制度，政府职位级别高低体现其政治影响力和政治声誉的大小，也代表了其在某些地方的特权程度。我们借鉴邓建平和曾勇（2009）的研究，对于民营企业家具有人大代表或政协委员资格的界定为存在政治关联，并按照乡、县、市、省和国家等不同的级别，分别赋值为 0~5。本章使用虚拟变量度量政治关联，另外按照企业管理层现在或曾经担任政府、人大、政协职位时的最高行政级别对其政治关联程度的强弱进行取值赋分，构造了政治关联指数，并进行稳健性检验。对于企业的管理人员担任全国人大代表、全国政协委员或曾任省部级及以上官员的政治关联指数的赋值为 5，政治关联程度最强；高管层担任省级人大代表、政协委员或曾任地厅级官员赋值为 4，政治关联程度第二；领导人现任或者曾经担任市级人大代表、政协委员或曾任县处级官员赋值为 3，政治关联程度第三；担任县、镇、乡级人大代表、政协委员或曾任科局乡级官员赋值为 2，政治关联程度第四；曾在政府重要部门工作过或在军队任职赋值为 1，政治关联程度最弱；没有任何从政经历赋值为 0，即不存在政治关联。其他变量的定义见表 12.8。

表 12.8　主要变量定义表

变量类型	变量名称	变量符号	变量定义
被解释变量	高新技术企业	Hitech	虚拟变量，是高新技术企业则为 1，非高新技术企业则为 0
解释变量	政治关联	Chairpc	虚拟变量，当样本公司的董事长或总经理存在政府背景时，变量值为 1，否则变量值为 0
	政治关联指数	Pcindex	企业董事长或总经理的行政级别得分，取值为 0~5
控制变量	公司规模	Size	总资产的自然对数
	负债比率	LEV	负债总额/总资产
	总资产报酬率	ROA	净利润/总资产
	总资产周转率	TURN	营业收入/总资产
	经营现金流量	OCF	当年经营活动产生的现金流量净额与当年总资产的比值
	成长性指标	Tobin's*Q*	年末股票总市值和负债账面值之和除以年末总资产账面值
	国有企业	SOE	虚拟变量，企业性质为国有企业时，变量值为 1，否则变量值为 0
	董事会规模	Board	（董事会总人数+1）的自然对数
	股权集中度	First	（第一大股东持股比例+1）的自然对数

4. 描述性统计

表 12.9 和表 12.10 分别报告了样本公司的年度政治关联程度、是否为高新技术企业及行业分布。从年份分布来看，2009 年有政治关联的公司样本比例比之前两个年度提高约 8 个百分点，之后到 2013 年有政治关联的公司数量比例变动不大，均在 28%左右；2007~2012 年，有政治关联的公司数量逐年上升，这可能与政府实施的倾斜政策有关，政府官员积极到企业中担任高管人员，或者企业的领导人积极进入政府机关工作，与政府保持密切关系；但是 2013 年政治关联的比例开始下降。这说明国家可能关注到企业管理层中存在的寻租行为抑制了企业的持续性发展，从而开始对具有政治背景的企业领导人创办企业、参加公司运营以及企业领导人参与政事等行为进行限制，造成了 2013 年度政治关联企业数量的减少。

表 12.9　样本的政治关联分布结果

政治身份	2007 年		2008 年		2009 年		2010 年		2011 年		2012 年		2013 年		合计	
	数量	比/%	数量	比/%	数量	比/%	数量	比/%	数量	比/%	数量	比/%	数量	比/%	数量	比/%
国	23	5	24	4	31	6	34	6	27	5	21	4	20	4	180	5
省	28	6	43	8	54	10	53	9	51	9	56	10	41	8	326	9
市	23	5	25	5	46	9	46	8	56	10	59	11	51	10	306	8
县	10	2	13	2	15	3	19	3	18	3	17	3	20	4	112	3
军	7	2	4	1	3	1	5	1	6	1	5	1	7	1	37	1

续表

政治身份	2007年		2008年		2009年		2010年		2011年		2012年		2013年		合计	
	数量	比/%	数量	比/%	数量	比/%	数量	比/%	数量	比/%	数量	比/%	数量	比/%	数量	比/%
pc	91	20	109	20	149	28	157	27	158	28	158	29	139	28	961	26
无pc	372	80	432	80	378	72	419	73	403	72	389	71	352	72	2 745	74
总数	463		541		527		576		561		547		491		3 706	

注：左栏中的政治身份国、省、市、县、军分别是划分的五个行政级别，表示企业存在的政治关联程度的强弱，pc是具有上述几种政治关联的企业合计数，无pc代表该企业不存在政治关联，数量是符合条件的样本数，比是样本占总数的比值

表 12.10　样本的行业分类情况

行业性质	政治关联企业		行业样本小计（数量）	高新技术企业		行业样本小计（数量）
	数量	比例/%		数量	比例/%	
A	40	44	91	23	25	91
B	3	10	31	7	23	31
C	724	29	2 536	1 473	58	2 536
D	11	21	52	10	19	52
E	12	14	87	27	31	87
F	47	28	167	23	14	167
G	27	16	172	117	68	172
H	25	25	101	7	7	101
I	9	12	78	57	73	78
J	36	37	98	4	4	98
K	38	22	169	18	11	169
L	2	14	14	0	0	14
M	13	16	79	14	18	79
N	3	30	10	1	10	10
Q	0	0	3	0	0	3
S	8	44	18	4	22	18
合计	998	27	3 706	1 785	48	3 706

注：政治关联企业的比例是指某行业中有政治关联的公司占该行业公司总数的比例，高新技术企业的比例是指某行业中经认证的高新技术企业占该行业公司总数的比例，行业样本小计是指全样本中对应该行业的公司总数，由于篇幅原因没有分别列出无政治关联企业和非高新技术企业的数量和比例

从样本上市公司的行业性质分布状况来看，具有政治关联的制造业的公司数高于其他行业，这可能是因为制造业掌握着国民经济命脉，国家需要紧密关注制造业的发展，并且可以在该行业不景气时进行调控，以维持经济的顺利运行。由于本章研究的是高新技术企业的政治关联和寻租行为对于创新投资的影响，要选取高新技术企业比例较高的行业，根据表 12.10 的数据，制造业、建筑业，交通

运输、仓储和邮政业、信息传输、软件和信息技术服务业的高新技术认证比例分别为 58%、31%、68%、73%，因此本章的研究选取了制造业，建筑业，交通运输、仓储和邮政业、信息传输、软件和信息技术服务业四大创新技术集中分布的行业进行研究，但是由于信息传输、软件和信息技术服务业的高新技术比例明显高于其他几个行业，在稳健性检验中将其剔除。

从表 12.11 的描述性统计结果可以看出：①存在政治联系的高新技术企业的董事会规模和公司规模高于没有政治联系的企业，并且其中的高新技术企业比例也较高，说明董事长的政府背景给企业带来一定的规模扩张和资源分配优先，使企业及时获知优惠政策，优先取得政府相应的扶持。②有政治关联的企业 ROA、Tobin's*Q* 和总资产周转率高于无政治关联的企业，说明与政府的密切联系可能为高新技术企业的发展带来实际利益。③政治关联企业的 R&D（lnRD）支出却低于无政治联系的企业，在一定程度上支持了有政治关联企业实施了寻租的假设——更可能被认定为高新技术企业，但创新投入却比较低。

表 12.11 变量的描述性统计

变量	全样本			无政治关联			有政治关联		
	N	均值	标准差	*N*	均值	标准差	*N*	均值	标准差
Chairpc	3 706	0.27	0.444	2 708			998		
Hitech	3 706	0.48	0.500	2 708	0.47	0.499	998	0.51	0.500
Board	3 706	1.859 2	0.207 7	2 708	1.857 2	0.210 6	998	1.865 0	0.199 7
First	3 706	3.440 7	0.464 3	2 708	3.431 2	0.470 2	998	3.466 5	0.447 2
lnRD	3 706	1.788 0	3.129 7	2 708	1.860 6	3.160 7	998	1.591 2	3.037 0
Size	3 706	21.413 8	0.991 3	2 708	21.395 1	0.968 0	998	21.464 7	1.050 7
SOE	3 706	0.210 2	0.413 4	2 708	0.210 0	0.531 6	998	0.134 2	0.095 1
LEV	3 706	0.441 9	0.218 7	2 708	0.444 4	0.223 0	998	0.435 2	0.206 2
ROA	3 706	0.041 5	0.112 9	2 708	0.039 9	0.101 7	998	0.045 9	0.138 8
TURN	3 706	0.690 9	0.595 8	2 708	0.689 3	0.568 1	998	0.695 3	0.665 5
OCF	3 706	19.375 5	1.326 1	2 708	19.359 9	1.322 6	998	19.417 8	1.335 3
Tobin's*Q*	3 706	3.431 2	2.014 3	2 708	3.130 6	1.658 2	998	4.107 2	1.094 5

表 12.12 报告了变量的 Pearson 相关性检验。从 Pearson 相关系数来看，政治关联 Chairpc 与高新技术企业认定可能性 Hitech 显著（10%）正相关，与所得税税率 Tax、创新投资支出 lnRD 显著（10%）负相关。解释变量之间的相关系数均小于 0.5，说明变量之间不存在共线性的关系。CEO 是否有政治关联对高新技术企业的认定存在着正向影响，对实际所得税税率产生负向影响，但创新投资却比较低，说明政治关联确实有可能产生了寻租，并造成了创新资源的错配。

表 12.12　变量间的 Pearson 相关性检验

变量	Chairpc	Titech	Tax	lnRD	Board	First	Size	LEV	ROA	TURN
Hitech	0.039*									
Tax	−0.014*	−0.019*								
lnRD	−0.038*	0.108**	−0.025**							
Board	0.017**	0.003	−0.189**	−0.005						
First	0.034*	0.001	0.012	−0.042*	−0.064**					
Size	0.082**	−0.013	0.022*	−0.019	0.132	0.119**				
LEV	−0.019**	−0.027**	0.013	−0.056**	0.085**	−0.015	0.328**			
ROA	0.024*	0.102**	0.027	0.024	0.000	−0.068**	0.092**	−0.397**		
TURN	0.004**	−0.001	0.030	0.003	0.045**	0.062**	0.029	0.071**	0.173**	
OCF	0.019	0.153**	−0.047**	0.039*	0.077**	0.133**	0.076**	0.247**	0.247**	0.107**

*、**分别表示在 0.10、0.05 水平上显著（双尾）

表 12.13 报告了模型（12.11）的 Logistic 回归结果。与预期一致，政治关联变量 Chairpc 的系数在 1%水平上显著大于 0，表明有政治关联的企业确定更容易获得高新技术认定。

表 12.13　高新技术企业认定 Hitech 的 Logistic 回归结果

变量	*B*	S.E	Wals	df	Sig.	Exp（*B*）
Chairpc	0.231	0.083	7.691	1	0.006	1.260
Board	0.193	0.194	0.994	1	0.319	1.213
First	−0.181	0.086	4.479	1	0.034	0.834
Size	−0.236	0.072	10.750	1	0.001	0.790
LEV	−1.397	0.266	27.581	1	0.000	0.247
Tobin's*Q*	3.142	0.613	15.347	1	0.003	4.180
ROA	0.570	0.541	1.109	1	0.292	1.768
TURN	−0.131	0.072	3.307	1	0.069	0.877
OCF	0.323	0.053	37.015	1	0.000	1.381
Industries				控制		
Year				控制		

5. 政治关联与所得税税负

以上我们验证了有政治关联的企业确实更容易获得高新技术企业认定，这个结论并不奇怪。如果以上结论成立，我们可以观察到有政治关联的企业承担的所得税费用会更低。为了验证这个猜想，我们用以下模型对上面的样本进行回归分析：

$$\begin{aligned}\text{Tax} = & a_0 + a_1\text{Chairpc} + a_2\text{Size} + a_3\text{OCF} + a_4\text{First} + a_5\text{Board} \\ & + a_6\text{LEV} + a_7\text{ROA} + a_8\text{TURN} + a_9\text{Tobin's}Q + a_{10}\text{SOE} \\ & + \sum_i b_i\text{Industires}_i + \sum_j c_j\text{Year}_j + \varsigma\end{aligned} \tag{12.12}$$

其中，Tax 为企业的实际税负，用企业当年的所得税费用减去政府给予的税费返还，除以当年的利润总额估计。其他变量同模型（12.11）。

吴联生（2010）认为，有政治关联的企业在向政府寻求更多的资源的同时，往往要付出更高的代价，纳税是其中之一。因此，他认为，有政治关联的公司由于享受政府所提供的资源，其所支付的企业所得税也更高（吴联生，2010）。冯延超（2012）也发现有政治关联的企业税负高于无政治关联的企业。而姚圣和徐颂（2014）则相反，他们发现政治关联有助于降低民营上市公司综合税负率。这个发现与吴文锋等（2009）的发现一致，他们发现，在企业税外负担较重的省市，高管具有政府背景的公司在所得税适用税率和实际税率上都要显著低于高管没有政府背景的公司。

而以我们的样本公司为对象的回归分析结果（表 12.14）显示，有政治关联的企业实际所得税负担要显著地低于无政治关联的企业，不管样本公司的控股股东的性质是国有的还是民营性质，结果都是这样，只是民营样本更加显著而已。这个结果与我们的预期是一致的，表明公司确实会利用经理人的政治关联取得税负方面的优惠，这与有政治关联的企业更可能被认定为高新技术企业相印证，二者都指向了企业会通过与政府的关系实行寻租活动，以其从中获得资源优惠，进而取得竞争优势。

表 12.14　模型（12.12）的 OLS 回归结果（因变量：Tax）

变量	SOE=1		SOE=0	
	系数	Sig.	系数	Sig.
Chairpc	− 4.118	− 0.214**	− 3.734	− 0.421***
Board	− 3.302	− 0.132**	− 2.214	− 0.334***
First	1.655	0.002	1.532	0.014
Size	32.450	0.683***	29.341	0.572**
LEV	− 2.493	− 0.003**	− 1.347	− 0.001
Tobin'sQ	0.357	0.002	0.517	0.057*
ROA	0.526	0.001	0.475	0.005
TURN	9.489	0.410**	7.479	0.073
OCF	− 6.552	− 0.016	− 3.452	− 0.129

续表

变量	SOE=1		SOE=0	
	系数	Sig.	系数	Sig.
Industry	控制		控制	
Year	控制		控制	
Adj.R^2	0.627		0.732	
F statistics	24.825		36.248	

*、**、***分别表示在 0.10、0.05、0.01 水平上显著（双尾）

6. 政治关联与企业创新投资

在 12.3 节中，我们已经提供了企业政治关联与创新投资之间负相关关系的证据。12.3 节我们用的是 2010~2014 年中国深交所 A 股上市公司作为研究样本。这里，我们用 2006 年 12 月 31 日前在我国深交所上市的公司作为研究样本，年度是 2007~2013 年。经验模型如下：

$$\begin{aligned}\ln \mathrm{RD} = & \alpha_0 + \alpha_1 \mathrm{Chairpc} + \alpha_2 \mathrm{Size} + \alpha_3 \mathrm{OCF} + \alpha_4 \mathrm{First} + \alpha_5 \mathrm{Board} \\ & + \alpha_6 \mathrm{LEV} + \alpha_7 \mathrm{ROA} + \alpha_8 \mathrm{TURN} + \alpha_9 \mathrm{Tobin's}Q + \alpha_{10} \mathrm{SOE} \\ & + \sum_i \beta_i \mathrm{Industires}_i + \sum_j \gamma_j \mathrm{Year}_j + \varepsilon\end{aligned} \quad (12.13)$$

其中，ln RD 为企业 R&D 支出加 1 的自然对数值。其他变量的定义见表 13.8。模型的回归结果见表 12.15。与我们的预期一致，代表政治关联的变量 Chairpc 的系数显著为负，不管大股东是国有性质还是民营性质（国有更显著）。这个结果表明，有政治关联的企业有更低的 R&D 支出，尤其是国有控股的公司。不管是国有控股的公司，还是民营控股的公司，它们都会利用经理人的政治背景去向政府部门寻租，从而获得与其实际 R&D 投资不相符的高新技术企业认定，并且获得了本来应该向创新企业倾斜的资源，造成了创新资源的次优配置。

表 12.15 模型（12.13）的 OLS 回归结果

变量	SOE=1		SOE=0	
	系数	Sig.	系数	Sig.
Chairpc	−2.745	−0.532***	−2.632	−0.743*
Board	2.823	0.306***	1.712	0.076***
First	−0.597	−0.072	−0.668	−0.061
Size	−9.573	−0.588**	−8.462	−0.457**
LEV	−1.236	−0.004	−1.992	−0.013
Tobin'sQ	4.170	0.083*	3.264	0.059*
ROA	0.364	0.002	0.651	0.003

续表

变量	SOE=1		SOE=0	
	系数	Sig.	系数	Sig.
TURN	1.368	0.161	2.157	0.257
OCF	2.343	0.138	2.774	0.008
Industry	控制		控制	
Year	控制		控制	
Adj.R^2	0.541		0.680	
F statistics	75.173		55.471	

*、**、***分别表示在 0.10、0.05、0.01 水平上显著（双尾）

7. 稳健性测试

为了使研究结果更具有说服力，本章还进行以下的稳健性检验：①剔除制造业之外的样本 1 170 个，得到制造业的 2 536 个样本，因为信息传输、软件和信息技术服务业的高新技术企业比例相对较高，可能影响本节的研究结论。②在以上的模型中添加总经理的政治关联，重复以上的回归测试，分别验证三个假设。③以政治关联指数 Pcindex 衡量政治关联程度的强弱，分别重复上述实证分析的步骤。不管是剔除行业性质的影响，还是使用政治关联指数衡量政治关联强弱，得出的数据回归结果与上述的研究结论一致。

首先做的稳健性测试是用总经理的政治关联 COOpc 代替董事长政治关联 Chairpc，对模型（12.11）~模型（12.13）进行回归分析，见表 12.16 和表 12.17。结果与以董事长政治关联 Chairpc 的结果是一致的，表明只要是公司董事长或总经理有政府官员背景，就更容易获得高新技术企业认定。而且总经理有政府官员背景对高新技术企业认定的概率还会比董事长有政府官员背景时提高接近 30%；对所得税的优惠以及对创新的负面影响也更加显著。

表 12.16　稳健性测试 1：以总经理的政治关联 COOpc 替代董事长的政治关联

变量	*B*	S.E	Wals	df	Sig.	Exp（*B*）
COOpc	0.526	0.079	8.482	1	0.003	2.371
Board	0.281	0.564	1.657	1	0.209	2.102
First	− 0.221	0.075	5.368	1	0.047	0.725
Size	− 0.322	0.067	13.44	1	0.001	0.673
LEV	− 1.257	0.173	31.416	1	0.002	0.193
Tobin's*Q*	4.231	0.934	16.236	1	0.000	5.291
ROA	0.469	0.612	2.071	1	0.187	2.657
TURN	− 0.241	0.068	4.216	1	0.006	0.793
OCF	0.441	0.083	39.243	1	0.000	2.275

表 12.17　稳健性测试 2：以总经理的政治关联 COOpc 替代董事长的政治关联

变量	SOE=1				SOE=0			
	Tax		lnRD		Tax		lnRD	
	系数	Sig.	系数	Sig.	系数	Sig.	系数	Sig.
COOpc	−5.073	−0.343***	−3.634	−0.665**	−4.623	−0.517**	−4.534	−0.923**
Board	−4.412	−0.244**	3.712	0.417**	−3.116	−0.451***	2.610	0.132***
First	2.542	0.007	−0.814	−0.136	1.782	0.053	−0.591	−0.137*
Size	26.349	0.772**	−8.584	−0.751**	22.136	0.461***	−7.351	−0.346**
LEV	−3.382	−0.012**	−3.125	−0.013	−3.236	−0.021	−3.415	−0.039
Tobin'sQ	0.512	0.001	5.253	0.118**	0.628	0.072*	5.377	0.084**
ROA	0.592	0.004	0.457	0.021	0.732	0.001	0.834	0.024
TURN	7.738	0.409**	3.174	0.253	9.724	0.082	4.246	0.518
OCF	−4.141	−0.093	4.271	0.083	−5.341	−0.811	4.623	0.017
Year	控制		控制		控制		控制	
Ad.R^2	0.725		0.841		0.635		0.590	

*、**、***分别表示在 0.10、0.05、0.01 水平上显著（双尾）

表 12.18 和表 12.19 是用董事长的政治关联强度指数 Pcindex 代替哑变量 Chairpc 对模型重新进行回归的结果。检验结果表明，董事长的政治关联强度越大（担任政府官员的层级越高），公司被认定为高新技术企业的可能性越高，享受的税收优惠的幅度也越大，对创新的负面影响也越严重。所有这些证据都印证了公司经理人利用其政治背景进行了寻租，而寻租降低了整个国家创新的投入水平，从而对国民经济的增长产生阻碍性的作用，这个结果应该引起政府的高度重视。

表 12.18　以 Pcindex 代替模型（12.11）中的 Chairpc

变量	B	S.E	Wals	df	Sig.	Exp（B）
Pcindex	0.543	0.172	10.518	1	0.002	2.934
Board	0.362	0.485	2.147	1	0.033	3.402
First	−1.763	0.274	6.683	1	0.059	3.725
Size	−0.528	0.096	17.48	1	0.011	1.344
LEV	−1.873	0.571	34.470	1	0.003	0.628
Tobin'sQ	4.526	0.794	24.635	1	0.000	6.351
ROA	0.869	0.216	4.210	1	0.081	3.753
TURN	−0.637	0.114	6.258	1	0.147	1.597
OCF	4.023	0.146	26.147	1	0.004	3.295

表 12.19 以 Pcindex 代替模型（12.12）和模型（12.13）中的 Chairpc

变量	SOE=1				SOE=0			
	Tax		lnRD		Tax		lnRD	
	系数	Sig.	系数	Sig.	系数	Sig.	系数	Sig.
Pcindex	−6.723	−0.325**	−5.672	−0.483***	−5.654	−0.731***	−5.154	−0.557**
Board	−4.420	−0.273**	5.732	0.418**	−5.361	−0.283***	3.601	0.085***
First	2.581	0.003	−1.548	−0.016	4.127	0.005	−2.674	−0.081*
Size	25.347	0.526***	−5.643	−0.773**	24.015	0.361**	−7.351	−0.346**
LEV	−4.382	−0.015**	−2.128	−0.012	−2.235	−0.004	−3.781	−0.042
Tobin'sQ	0.521	0.004*	5.248	0.067**	1.216	0.082*	1.253	0.045*
ROA	0.637	0.002**	0.837	0.015	1.364	0.003	2.546	0.014*
TURN	11.375	0.327**	3.471	0.003	9.368	0.016	5.264	0.145
OCF	−8.143	−0.007	4.625	0.104	−6.314	−0.074	1.368	0.002
Year	控制		控制		控制		控制	
Adj.R^2	0.536		0.738		0.663		0.574	

*、**、***分别表示在 0.10、0.05、0.01 水平上显著（双尾）

8. 研究结论及政策建议

本章探讨了政治关联对高新技术企业认证的作用机制，以及政治关联在企业创新投资中引发的寻租行为的消极影响。政治关联可以给企业带来额外利益，获得税收优惠和财政补贴，减轻企业的财务负担；更容易获得高新技术企业的认证，获得政策扶持等，形成企业竞争优势。但是，企业需要花费成本来完成高新技术企业的认证，而且，有些高新技术企业在完成认证后并没有进行创新投资，违背了这一政策的初衷，发生寻租行为，导致优质资源的浪费。本章在文献总结的基础上指出高新技术企业中政治关联的影响以及引发的寻租行为，并针对提出的三个假设分别建立模型进行数据分析来验证，结合选取 2006 年 12 月 31 日前在我国深交所上市的公司作为研究样本，并选取 2007~2013 年的 1 101 家公司 3 706 个样本数据进行了实证检验。本章的主要研究结论如下。

（1）政治关联增加高新技术企业的认证成功机会。

表 12.13 的回归结果显示，政治关联系数与高新技术企业虚拟变量是显著正相关的，企业内部存在的政府联系会加速企业的高新技术企业认证过程，提高其高新技术企业的认证成功率。因为如果高新技术企业的领导人具有政治身份，与政府官员的关系密切，那么政府颁布的各项有利政策就更有可能被高管层带到企业中，这样就会为高新技术企业的发展提高有利的外部条件。企业建立政治关联有利于其获取政府及其附属机构所拥有的各种资源，同时也可以最先掌握国家对于高新技术企业的扶持政策，企业可以提前制定符合政策的战略发展方针使其符

合国家颁布的政策标准，这样就使企业在高新技术企业的申报过程中占据先机，也就有利于企业的认证成功。

（2）政治联系具有减免税收的调节作用。

表 12.14 的回归结果显示高新技术企业当年的实际税率与企业的政治关联系数是显著负相关的，即高新技术企业的政治关联使企业当年的实际税率降低，减少了企业的所得税费用。管理人员的政府背景为企业带来一定的税收减免，这在一定程度上有利于高新技术企业的经济发展。国家有各种税收优惠政策以促进高新技术企业的发展，作为政府大力扶持的行业，企业要根据自身状况全面分析并合理利用税收优惠政策，加以高效率的实施，从而提高企业的整体效益。尽管税收征收法律是由国家统一制定的，但是就目前来说，政府官员依然具有很大的支配权力和决策空间决定企业能否享受税收优惠，这也就造成了企业和政府的寻租空间。

（3）政治关联对于高新技术企业的创新投资具有消极影响。

表 12.15 的回归结果显示高新技术企业存在政治关联使当年的创新研发投资降低，说明高新技术企业的政治关联系数越大，企业当年的创新投资力度越小，即企业的管理层发生了寻租行为。高新技术企业为了获取政治关联付出的经济成本必定要在其他地方得到补偿，高管层可能就会采取非正常的经济发展方式，通过减少高新科技投资来转嫁之前寻租造成的亏空，这就挤占了有利资源的地位，降低了企业的创新研发力度，结果可能是该企业的运作只是转移了社会财富，并没有带来财富的实际增加和经济的真正增长。

由此可见，寻租行为扰乱了经济资源的正常配置，不利于生产方式的有效发展，大量浪费了社会经济资源，这是国家在调控经济发展过程中需要密切关注的问题。因此规范企业可能发生的寻租行为很有必要，要从制度上对企业的政治关联进行约束，避免企业寻租引发的社会资源错配。政府应该从源头上制约高新技术企业寻租行为的产生，制定政策以完善企业对创新投资的资金支持战略决策，规范资金运作的相关法规，加强资金运营的信息披露，压缩官员权力的寻租空间，使高新技术企业的创新资金流向清晰明确，可以在一定程度上制约某些不合法的寻租现象。

根据实证研究结果，我们提出以下建议。

（1）加强信息披露机制建设，抑制政府的过度干预，提倡政企分离。本章的研究结果表明，政治联系作为企业与政府间的纽带，很可能促进了高新技术企业向政府寻租，在使企业获得资源的优先分配权和政策的倾斜扶持的同时，导致了手持特权的政府官员发放更多的补贴收入，造成资源的不合理分配，导致整个社会稀缺资源的错配。所以，政府应增强政务工作的透明度，减少对企业的过多干预，从而遏制寻租行为的源头。应该更加严格地监督政府的资源分配决策过程和相关政策制定过程，加强相关的信息披露力度，特别是对有政治联系的高新技术企业，更要注意对其财政补贴和资助等资源分配的合理跟踪和有效管理，杜绝政治特权的滥用。

（2）加强制度环境建设，完善政府管制制度。要倡导正常公平竞争的现代市场经济制度，确定合理的管制边界，优化政府的经济管制和管理方式，完善政策奖惩机制以制度抑制寻租。要加强对资金运行过程的监督与惩罚机制，使企业意识到寻租行为带来的严重后果，断绝其寻租的念头，形成一整套合理的管理机制，使寻租者自觉从事正常的生产经营。研究结果表明，政治关联对高新技术企业的税收具有显著的调节作用，因此，在发展中国市场经济的过程中，努力弱化政府的经济干预，回归正常市场的资源配置功能。通过各方面的共同努力调整和规整，高新技术企业的外部环境趋于完善，有利于企业正常的生产经营，其寻租行为自然会减少，也就避免了政治关联对企业创新投资的抑制作用。

第四篇

总结与国际经验借鉴

第13章 本书总结与国际经验借鉴

13.1 本书总结

在宏观经济理论中，存在着以投资拉动经济的凯恩斯主义和以创新拉动经济的熊彼特主义两个学派。这两个学派如同牛顿和爱因斯坦的理论，适用于不同的环境和不同的发展阶段。学术界的共识是，投资的回报具有边际递减的特点。也就是说，靠投资拉动经济其效率随着行业的竞争以及产能的过剩而呈递减趋势。一味宽松的货币政策还会带来资产价格的上涨，价格的上涨会持续一段时间，可能是数年，期间泡沫膨胀。随后通常在一个较短的时间如几天或者数月内资产价格崩溃。有时候泡沫破灭需要经历较长的时间（Allen and Gale，2000）。资产价格泡沫破灭之后随之而来的是经济危机，从而产生了经济周期现象。当然，经济周期是否由凯恩斯主义政策所导致，目前还没有相关的证据，也没有人认为经济周期能够被打破。但是，发达国家已经从单纯的投资拉动经济转向创新拉动经济是不争的事实。

我国正处于经济转型时期，创新已经成为重要的国策。但是，我们的经济学家和决策者还没从传统的观念中解放出来。这其中的一个重要原因是人们对创新对特定环境的依赖的认识不够，传统的粗放式管理的习惯难以转变，对经济管理中的机会主义行为不肯舍去也认识不够。信奉“人之初性本善”而对制度嗤之以鼻，导致理论的缺乏和制度的缺乏，人的私欲的膨胀得不到应有的约束，许多政策成为某些人牟利的工具，使经济转型“雷声大、雨点小”。究其原因，不肯承认“人之初性本恶”是其根源。现代的经济理论以代理理论为基础，即是基于“人之初性本恶”这一认识。如果借口代理理论为西方邪说而加以摈弃，我们将裹足不前。本书正是以代理理论为起点，来提出一家之言，并通过实证研究加以检验，以避免无端的攻击。我们保证数据的真实，检验过程无人为篡改。所有的实证过程均在本人的监督下进行。

我们首先是检验了在促进投资方面凯恩斯主义的有效性，发现货币政策主要是通过利率渠道向企业传递，但传递过程中，银行起了重要的作用。对于金融欠发达的地区，宽松的货币政策对投资的促进（或对融资约束的缓解）有限。因此，为了促进投资，宽松的货币政策是必要的。然而，许多经济学家和政策制定者的认识就到此为止。我们的研究以随后实证所提供的证据表明，宽松的货币政策会刺激股市和房市，使货币政策产生“渗漏”，货币流动性不是流向企业、流向创新，而是流向股市，流向房市，宝贵的资源在经济体外或在某个经济领域“空转”。不仅如此，大量的资金在流向股市、房市过程中产生了“漩涡”，把周边领域的资金也给吸引过去，造成了高新技术企业投资的下降，创新投资的下降。究其原因，人心是贪婪的，资本是逐利的。当某一地方有明显较高的投资收益率时，资本就往那边流动。对于股市和房市，临时的行政干预是必要的，但不能代替日常化的经济管理。为了避免“普澍式”货币政策可能产生股市和房市的“漩涡”，需要应用倾向于某一目标的定点宽松的货币政策和财政政策。针对创新的税收优惠政策就是一种有效规避政策“渗漏”的好政策。

但是，我们的研究发现，高新技术企业的税收优惠政策会产生寻租而产生社会成本，导致稀缺资源的次优配置。寻租的主角是具有政府官员背景的经理人，即有政治关联的上市公司比起没有政治关联的上市公司更可能被认定为高新技术企业，因而能够更多地享受税收优惠政策带来的好处。然而，这些公司的 R&D 支出却明显地少于其他的同行业的类似公司。因此，政治关联正在阻碍我们国家的经济转型，这缘于我们的一些掌握着资源分配的官员是具有代理问题或道德风险的，这不奇怪。这些官员缺乏制度约束，代理问题才会产生不良的后果。但不良后果确实产生了，而且是具有普遍性，这就说明我们官员的约束机制还不健全。

即使政治联系不会对资源的分配产生干扰，针对创新的税收优惠政策也不足以刺激企业加大创新力度。其原因有两个：一是不受融资约束的企业的创新投资决策不太会受税收优惠政策的影响，因为税收优惠仅能略微降低创新项目的成本，这只能提高那些微利创新项目的可行性；二是拥有高回报率的创新项目不能实施的企业往往面临的是较大的融资约束，而税收优惠政策并不能起到降低融资约束的作用。

但是，在实证研究中，我们可能会发现，税收优惠政策确实促进了企业 R&D 的支出。但实际上，创新投资是提高了，但创新产出并不会得到明显的提高。为什么呢？是企业的代理问题导致了这个结果。当公司股权分散时，管理者拥有公司的控制权且缺乏有效的监管，管理者会以国家提倡创新为借口进行过度的创新投资，以便从中获取私利，从而造成了资源的浪费和股东利益受到损害。因此，股权的适当集中有助于提高税收优惠政策促进创新的效果，也有助于促进股东的利益得到适当的保护。

13.2 国际经验借鉴

本书还有一个问题没有得到回答，那就是如何有效地解决创新企业的融资困难问题。我们知道，“普澍式”的货币宽松政策无助于促进企业创新投资，还可能产生负面作用。当前大多数国家采用的是成立风险投资基金来定点扶持创新企业和创新项目，但是国内这方面的研究还很欠缺，具有巨大的研究空间。这里，我们介绍几个研究，以供借鉴。

13.2.1 澳大利亚创新投资基金政府计划

这里，我们介绍美国纽约的伦斯勒理工学院 Cumming（2007）的研究报告。他分析了280家澳大利亚风险投资与私募股权基金以及它们在1982~2005年对845家创业型企业的投资，并着重分析在 1997 年首次引进的创新投资基金（innovation investment fund，IIF）政府计划。这篇文章从多个维度分析了澳大利亚 IIF 计划和风险投资。他认为，澳大利亚的 IIF 计划有很多优于加拿大、英国的类似政府计划的显著的特点。IIF 计划在 1997 年引进澳大利亚，目的是刺激对小型高科技企业的融资。IIF 计划的目标如下：①通过解决资金和管理的限制来鼓励技术型企业尽快把研究结果投入商业运营；②建设自给自足的澳大利亚早期高科技风险投资市场；③建立中期自我融资计划；④在早期风险投资行业之中培养有经验的基金管理者。

如本章所述，IIF 计划是在与私人风险投资家的合作基础上起作用的。

人们普遍认为，风险投资的社会回报率大于私人回报率，创新的收益还没有完全被创新方内化（对于创新型社会的发展有着更广泛的回报）（Organization for Economic Cooperation and Development，1996；Gompers and Lerner，2001a，2001b）。因此，世界上许多政策制定者建设政府支持的计划来激发风险资本融资的创新思路，从而促进经济增长。政府计划的目标是一致确定的，包括增加资本家的总资金池这一目标，以及给企业家提供支持使其获得融资并发展他们的企业。

对风险投资的政府支持有两种主要形式：一是法律；二是直接政府投资计划。资本利得税被广泛认为是刺激风险投资市场最重要的法律手段之一（但在风险投资市场上也有其他法律工作）。Poterba 显示随着资本利得税从 1977 年的35% 降低到 1982 年的 20%，美国风险资本融资量从 1977 年 6 820 万美元上升到1982年21亿美元（Poterba，1989a，1989b）。由于创业企业通常没有足够的现金流支付利息和股权分红，风险投资者总是将视野放在退出以及随之而来的资本收益上。对高质量的公司来讲，最有利可图的退出方式是股票发行上市（initial public offerings，IPO）和兼并（Gompers and Lerner，1999；Cumming and MacIntosh，2003；Cochrane，2005）。因此，在资本利得税方面的税收政策对风险投资来说尤为重要。

政府支持的另一种形式是通过政府直接建设的风险投资基金。Lerner（1999，2002）讨论了政府资金与私人投资基金一起运作的方法。Lerner 认为最重要的一条就是政府基金应该与私人风险投资基金合作，而不是与其竞争。另外一个重要的方面是：政府基金应该在存在清晰可辨的市场失灵时采用，这种失灵是在为企业融资时由于市场的结构性障碍引起资本相对缺乏。还有 Lerner（2002）认为建设政府基金应该尽量减少中小高新企业融资相关的代理成本，这样做是有效的。例如，基金管理人拥有控制投资代理的契约和薪酬激励，来增加被投资企业的价值。这种契约和激励机制在缓解私人有限合伙公司风险投资基金代理问题时十分有效（Gompers and Lerner，1996，1999）。

国际证据表明设计一个成功的政府风险投资计划是一个相当大的挑战。在私人/公共关系和国际伙伴关系方面，政府对风险投资的政策似乎在以色列和美国都取得了相当大的成功（Lerner，1999；Gilson，2003）。相反，现有的证据表明，利用税金来创建共同基金投资于私募股权的政府风险投资基金并不会带来任何好处，就像在加拿大和英国所做的那样（Cumming and MacIntosh，2006；Cumming，2003）。

IIF 计划是澳大利亚八个相关计划中的一个。其他计划包括可再生能源股票基金（renewable energy equity fund，REEF）计划、预种子基金（pre-seed fund，PSF）计划、汇集发展基金（pooled development funds，PDF）计划、风险投资有限合伙企业（venture capital limited partnerships，VCLP）计划、商业准备计划（commercial ready program，CRP）、新兴技术的商业化（commercial emerging technologies，COMET）程序和研发税优惠（R&D tax concession，R&DTC）。这些相关的计划是由工业部门负责的。

IIF 计划在 1997 年引进澳大利亚，目的是刺激对小型高科技企业的融资。IIF 计划的目标如下：①通过解决资金和管理的约束来鼓励新兴高科技企业的发展，将这些企业 R&D 商业化；②建立一个自给自足的早期以科技为基础的风险投资业；③建立中期循环或自我融资计划；④在早期风险投资行业之中培养有经验的基金管理者。

IIF 计划运作的方式有点类似于美国的小企业投资公司（small business investment company，SBIC）计划。澳大利亚政府分别在 1997 年和 2000 年举行了两轮竞争性选拔，1997 年建设了五家创新投资基金，2000 年建设了四家创新投资基金。总的来说，在竞争的基础上给九家私人部门基金管理者颁发了十年期的执照。计划的第一轮是在 1997 年 5 月政府的小企业声明中宣布的并提供了 1.3 亿美元的资金，这些资金在政府对私人部门的资本比率为 2∶1 的基础上进行了匹配。计划第一轮建设了五个有执照的基金并在 1998 年开始运作。IIF 计划的第二轮提供了 0.9 亿美元的资金，也以政府对私人部门的资本比率为 2∶1 的基础进行匹配。在两轮选拔中，政府对民间资本的比率是一种竞争性的要素。计划第二轮建设了四个有执照的基金并在 2001 年开始运作。总的来说，九个执照基金拥有共 3.85 亿美元，其中澳大利亚政府贡献了 2.2 亿美元，私人部门贡献了 1.37 亿美元。

年度管理费在第一轮中固定在 3%，第二轮管理费在 2.5%~2.8%。同政府对民间资本的比率一样，管理费用水平也是两轮选拔中的竞争性的要素。

就像美国 SBIC 一样，澳大利亚 IIF 计划的基金管理者是有执照的私人基金管理者，并由这些管理者做所有的决定，这些基金管理人需服从其与澳大利亚政府的许可协议条款和其他管理文件。

IIF 计划运作的关键要求如下。

（1）政府资金对私人资金的比例不得超过 2∶1。

（2）投资一般都是以股权的形式，而且必须是在小的高新技术企业。

（3）基金 60%的资金必须在五年内投资。

（4）除非由工业研究和发展委员会特别批准，对企业的投资不得超过 4 000 万美元或总资金的 10%，取其中较小值。

（5）收益分配：①政府及私人投资者的收入总额是其认购的资本及其利息。②任何进一步的款项分配均以政府和个人 10∶90 的比例分配。③私人投资者与基金经理共同享有的部分，作为一种绩效激励。

（6）IIF 计划下建立的基金将有十年的时间，之后他们将以商业审慎的方式关闭。

为了获得 IIF 计划的支持，被投资者必须：①商业化其 R&D 结果；②处于种子期、启动期、早期及发展阶段；③当基金首次投资该公司时，其大部分雇员（按数量）和资产（按价值）在澳大利亚境内；④之前两年的平均收入不超过 400 万美元，其中任何一年的收入不超过 500 万美元。

1. 关于 IIF 计划的评价指标

1）投资初创期和早期

创业企业的发展存在不同阶段，在不同阶段的投资会带来不同程度的风险和流动性。简单地说，创业型企业发展的阶段越早，其失败破产的可能性就越大，其实现退出的时间就越长。非政府风险投资与私募股权基金很少投资处于初级发展阶段的值得投资的创业计划，可能是由于缺乏专业知识、承受风险的能力或者市场结构特点使商业化一项新技术并退出投资十分困难。因此，由上面的内容可知 IIF 计划的目标是增加对初创期和早期企业的投资。初创期的创业企业是进行研究并产生产品或技术的初始概念。早期的企业开始测试产品和试验性的生产，其可能产生也可能不产生收入，企业经营通常不到 30 个月。

2）投资高科技企业

高科技企业一般是主要经营无形资产（如知识产权、专利、设计、教育和创始企业家的经验）的企业。普遍认为，高科技公司投资的风险比非科技公司的投资更为显著。创新公司的投资有正外部性，这使得它们经营所在的国家变得更加有创新性。因此高科技投资的社会回报率大于私人回报率。因为社会回报率大于私人收益率，政府补贴高科技风险投资是适当的，特别是早期的高科技风险投资。

值得注意的是：判断一家企业是否为高科技企业的关键是看市值账面比。为了研究澳大利亚的风险投资对于高技术企业的投资程度，实证分析采用市值账面比与特定行业变量。

3）分期投资

在创业型企业中，资金分期的频率是一个很好并被广泛接受的能够代表创业企业收到建议和受到监督程度的代理变量。对投资分期的基金可以更频繁地监督投资对象并增加其价值，因此降低了下行风险和不成功退出的可能性，并通过专业化创业企业来增加 IPO 的可能性。因此，实证性分析比较了进行分期的 IIF 管理者和不分期的 IIF 管理者。

4）联合投资

和分期一样，联合投资也是一个很好并被广泛接受的关于对被投资企业的建议和监督程度的代理变量。联合投资促使投资前对投资对象进行尽职调查，此外，投资期间的建议和监督使企业更可能以 IPO 或出售的方式成功退出。值得指出的是，投资财团可能会造成投资者之间的利益冲突。例如，投资者联合中可能会有人免费享受其他成员努力的成果。不同的联合投资成员在交易条款上也存在不公平现象。然而，绝大多数的证据不支持这些利益冲突的关注。例如，如果风险投资联合组织成员每个月多工作一小时，风险投资的管理者也会在被投资企业上多花费一小时；其他关于联合投资的实证研究与这一结果相一致。有证据表明，联合投资在实现更高的回报率方面有更好的表现。

还要指出的是，在本章中我们不认为共同投资是联合投资。共同投资包括的基金来自同一个组织并由同一群投资于同一创业企业的基金经理管理。联合投资包括的基金之间相互独立，没有关系。增值建议可能由联合投资产生而不是共同投资。

5）投资组合规模

更大的投资组合规模并不会增加被投资企业的价值，因为花在被投资企业上的时间被稀释了。事实上，基于国际风险投资在欧洲的样本，Cumming 和 Johan 认为投资组合中每一经理多增加一个创业企业，导致每月平均减少 2~3 小时的支持，减少 20%的建议并减少了 0.2~0.3 的分期。

6）退出绩效

退出绩效是一个用来评估创业公司的业绩和风险投资融资的成功与否的明确且客观的方式。IPO 和收购被广泛认为是最好的退出结果。事实上，IPO 被认为是比收购更好的退出方式，因为 IPO 退出方式可以使创业者重新获得对企业的控制，而在收购退出方式下创业者通常被驱逐出企业。当然，清算是退出方式中最糟糕的一种。

要注意的是风险投资往往需要很多年才可以带来成果。从开始投资至退出的投资期限可能需要两到八年不等，甚至可能更长。在退出前的绩效指标是最值得怀疑的，因为实际绩效可能与临时报告的绩效有很大的不同。因为很难全面评价尚未完全剥离的基金的整体性能，所以 IIF 计划的退出绩效应该在其生命周期结束时再次审查。

7）IPO 退出方式下的股票价格收益率

IPO 退出方式下的股票价格收益率也是用来评估企业业绩和退出之前提供给被投资企业的风险投资的质量的一个明确的、客观的方法。从长期来看，IPO 之后的股票价格收益率高于 IPO 之前就拥有较高质量的风险投资支持的企业，其他都一样。最后应指出在长期运行中，IPO 股票收益比市场收益低，这是因为在 IPO 后的 1~3 年的时期内股票定价过高。因此，在 IPO 后 1~3 年的负收入是预料之内的，尤其是在互联网泡沫破碎后。

2. 研究结论

澳大利亚 IIF 计划结构像以色列和美国一样有一个十分有用的特点，即私人与政府的合作伙伴关系。

通过对 1982~2005 年 280 个基金投资在 845 家创业企业的分析，作者得出以下结论。

（1）IIF 计划对初创期和早期的企业以及高新技术企业的融资有显著贡献。在 IIF 计划成立之前，在澳大利亚这样的投资比较缺乏。IIF 计划即将要完成其既定目标，即促进新型高科技企业 R&D 结果商业化。

（2）IIF 管理者倾向于分期投资、联合投资并减少投资组合中的企业数。前面风险投资融资研究表示，更频繁的分期和联合可以更好地筛选投资对象并为被投资企业提供有价值的建议。同样地，基金管理者较小的投资组合可以更多地为被投资企业提供增值建议。同样，这些证据表明相对于其他基金管理者，IIF 管理者为其投资对象增加更多的价值。

（3）IIF 管理者通常还管理着其他的私募基金。这些私募基金也很可能向初创的、早期的创业企业以及高科技企业提供资金。同样地，数据结果表明 IIF 计划在早期的投资中促进创业投资基金管理人的专业化。总的来说，建立一个自给自足的澳大利亚早期以科技为基础的风险投资业是长期有益的。

（4）现在还不能确定 IIF 计划是否最终会成为中期循环或自我融资计划，因为大部分投资还没有退出。为了完全解决这个问题，当所有投资都已退出时，重新评估该计划是必要的。IIF 计划需渡过互联网泡沫这一难关，泡沫导致自从 2000 年 4 月以后退出现有投资变得相对困难。可获得数据表明：迄今为止 IIF 计划与其他计划的退出绩效没有区别。

总之，AVCAL（Australia Venture Capital Association，即澳大利亚风险资本协会）数据并不表明在早期发展阶段与投资选择的绩效问题。数据表明 2001 年的 IIF 计划不倾向于投资萌芽阶段的企业而倾向于投资早期发展阶段的企业，但是这种区别并不明显，并且可能在 IIF 全部被投资后消失。我们也指出 2001 年的 IIF 计划相较于 1997 年的 IIF 计划不倾向于投资高科技企业，但这种不同也可能随着 IIF 的全部投资消失。然而数据确实指出 1997 年和 2001 年的 IIF 计划较其他类型的私人风险投资基金都倾向于分期或联合它们的投资，并且拥有较小的投资经理组合，这表明 IIF 计划对其被投资企业进行筛选、监督并增加其价值。

IIF 计划为其投资对象提供适宜的管理这一证据表明 IIF 计划将会实现高于平均水平的绩效并成功退出。迄今为止，从 AVCAL 获得的数据并不能表明基金间的绩效差别。当其他的退出及绩效数据可得时，更进一步的研究会更有保障。

促进退出风险投资市场的现有机制将使 IIF 计划发展成为中期循环或自我融资计划。然而，要实现这一目标最好不要改变 IIF 计划的结构。然而，还有其他促进退出的政策工具，包括但不限于：①放宽上市公司报告的要求；②降低上市公司的持有期及托管要求；③降低税率。这些替代政策机制可以进一步在理论和实证研究中得到解决。

13.2.2 澳大利亚预种子政府风险投资基金

这里介绍的是加拿大多伦多约克（York）大学 Douglas Cumming 教授及其合作者 Sofia Johan 的一个研究（Cumming and Johan，2009）。PSF 计划是一个开始于 2002 年的由公私合作创建的基金，目的是在澳大利亚新兴的高科技创业公司领域促进更多的投资。PSF 计划是澳大利亚五个风险投资计划之一，是澳大利亚种子阶段企业的风险投资的主要供应商。澳大利亚其他风险投资计划包括 IIF 计划，可再生能源权益基金计划，集合发展基金计划，风险投资有限责任合伙公司计划，早期风险投资有限责任合伙公司计划。实际上，与其他机构投资者一样，政府是一个有限的合作伙伴。PSF 的管理者必须在特殊条款下操作，如利用资金对新兴企业进行投资。操作 PSF 的私人投资基金经理可以继续操作其不接受任何政府补贴的其他风险投资基金。

在 PSF 计划下，澳大利亚政府意在从他们所支持的符合条件的企业和项目中获得投资收益。他们最终要从成功的企业和项目中通过让渡利益给后期投资者的方式脱身，并在分配各种收益后寻求通过资本增值获利。

在 2001~2002 年一系列竞争性选择程序之后，政府建立了四个授权的基金：联博投资管理基金（Alliance Bernstein Investment Management，A&B）、GBS 风险合作伙伴（GBS Venture Partners）、SciVentures 投资有限公司（SciVentures Investment Pty. Ltd.）和海星风险合作伙伴（Starfish Ventures Partners），并且在 2002 年底开始运作。政府已经投入 7 270 万美元给授权的四个基金，加上由民营投资者、大学以及公共部门研究机构提供的 3 140 万美元，总共提供了 10 410 万美元给 PSF 去资助合格的 R&D 活动。其中 GBS 风险合作伙伴专注于生命科学，A&B 则关注于信息和传播技术，剩下的 SciVentures 投资有限公司和海星风险合作伙伴投资于比较广泛的技术领域。

1. PSF 计划的目标

（1）通过提供财务和管理的建议，协助大学和公共部门研究机构的 R&D 活动实现商业化。

（2）鼓励私营部门投资于大学和公共部门研究机构的 R&D 活动以实现其商业化。

（3）为了 R&D 活动的商业化，建立大学、公共部门研究机构、金融界和企业之间的联系。

（4）在澳大利亚的大学和公共部门研究机构中培养创业和知识产权技能。

（5）促进大学和公共部门研究机构的研究人员考虑关注他们研究发现的商业化机会。

2. 结构特征

PSF 计划的交付模型与上面提到的 IIF 计划相似。然而，基于对由 PSF 计划所投资的种子期项目的高风险的认识，澳大利亚政府提供最多四分之三的总资本，并同意给私人投资者提供比 IIF 计划下更诱人的利润分配和更高的管理费率。四个 PSF 经理的年费为投入资本的 3%~3.5%（IIF 计划相应是 2.5%~3%），在 PSF 选择过程中，政府给私人部门的资本比率和管理费用水平是竞争的结果。

PSF 计划下可用的总资本额度（1.041 亿美元）将在四个基金中分派，金额为 2 000 万~3 300 万美元不等，用来投资并支付管理费。这些基金由授权的私人基金经理管理，由他们做出所有的投资决定，但受澳大利亚政府和其他管理文件许可协议的条款约束。

3. PSF 计划操作要求的关键点

（1）政府资本与私人资本的比例不得超过 3∶1。

（2）投资一般都是以股权形式进行，而且必须是投资给符合条件的公司或是由大学或公共部门研究机构转出的项目。

（3）至少 60%的 PSF 运行资本必须在 5 年之内投入。

（4）除非经过工业研究与发展委员会特别批准，不得在任何符合条件的公司或合格项目中投资超过 100 万美元。

（5）分配原则：按照每个 PSF 总执行资本等额返还给政府，其他投资者以其相应的投资获得返还；其他的部分则在基金经理和其他的投资者，不包括澳大利亚政府，以基金公司理事文件规定的商定方式分配。

（6）PSF 计划下成立的基金将有十年的存续期，之后，它们将以商业上稳健的方式关闭。

4. 获得 PSF 计划的投资

（1）被大学、公共部门研究机构或合格的研究人员所控制。

（2）所利用的知识产权其权益 50%以上被大学、公共部门研究机构或合格研究人员所拥有。

符合条件的公司也必须在澳大利亚注册成立（并且实质上在澳大利亚经营），未必已有销售收入。

合格的项目必须：①拥有 50%以上的知识产权归大学、公共部门研究机构或合格研究人员所有；②被一所大学或公共部门研究机构所控制或监督。

符合要求的项目必须在澳大利亚进行而且不产生任何销售收入。

5. 其他的补充信息

处于开始阶段的创业企业是那些实施新概念产品 R&D 的企业。早期阶段的企业是那些拥有正在测试的产品和（或）试点生产产品的公司，它可能会也可能不会有收入，并且通常经营不到 30 个月的时间。创业企业处于发展的阶段越早，其失败和破产的概率越大，并且投资的非流动性（以成功退出的时间度量，退出渠道包括 IPO 和收购）也更大。非政府风险投资基金可能在发展的早期没有足够多的企业项目可投，这可能是由于缺乏经验、专业知识和风险承受能力，或由于市场的结构特点使新技术的商业化和退出投资较为困难。基于以上原因，PSF 计划的一个目的是增加对种子期和早期企业的投资。

高新技术企业是那些主要经营无形资产（如知识产权、专利、设计和教育等）的企业。一个被广泛接受的用来衡量高新技术企业的指标是市值账面价值比（Fama and French，1993，1995），因此，实证分析采用市值账面比以及特定的行业变量来研究高科技的投资在澳大利亚的风险投资行业中的比重。投资高科技公司的风险要比投资非科技公司大得多。然而，投资创新企业具有正外部性，使其所在国家变得更有创新性，这使对高科技企业的投资的社会收益率大于私人收益率。因为社会回报率大于私人收益率，所以政府对高科技企业的风险投资是合理的，特别是对早期的高科技企业的风险投资。

6. 政策执行情况及教训

由于澳大利亚还有其他的风险投资基金，包括政府投资的IIF计划，PSF计划把重点放在了种子期企业的投资，这会促使其他的风险投资基金减少对种子期企业的投资。PSF 也比较少去支持高科技企业。因此，政府应该设计互为补充的风险投资基金计划，而不是相似的相互竞争的计划。在澳大利亚，PSF 计划部分地与 IIF 计划重叠，因而造成了这些计划互相冲突。另外，政府发起的风险投资基金的影响不仅依赖于项目的设计，也依赖于执行投资的风险投资基金经理的选择。总的来说，用于检验的数据不支持 PSF 计划是失败的，但如果不存在竞争性的政府项目在目标上的重叠，项目可能会获得更好的成果。

参考文献

蔡继明，解树江. 2000. 公司治理结构的国际比较——兼论我国民营企业的治理结构与企业创新. 南开经济研究，（2）：22-27.

曹静宇. 2017. 技术型独立董事与创新研发投资. 南京大学硕士学位论文.

陈隆，张宗益，杨雪松. 2005. 上市企业公司治理结构对技术创新的影响. 科技管理研究，25（9）：137-141.

池仁勇. 2003. 企业技术创新效率及其影响因素研究. 数量经济技术经济研究，20（6）：105-108.

邓建平，曾勇. 2009. 政治关联能改善民营企业的经营绩效吗. 中国工业经济，（2）：99-108.

杜兴强，曾泉，杜颖洁. 2012. 政治联系对中国上市公司的 R&D 投资具有“挤出”效应吗？投资研究，（5）：98-113.

范海峰，胡玉明. 2012. 机构投资者持股与公司研发支出——基于中国证券市场的理论与实证研究. 南方经济，30（9）：60-69.

方军雄. 2009. 我国上市公司高管的薪酬存在粘性吗？经济研究，（3）：110-124.

方军雄. 2011. 高管权力与企业薪酬变动的非对称性. 经济研究，（4）：107-120.

冯根福，温军. 2008. 中国上市公司治理与企业技术创新关系的实证分析. 中国工业经济，（7）：91-101.

冯延超. 2012. 中国民营企业政治关联与税收负担关系的研究. 管理评论，24（6）：167-176.

国家统计局. 1997. ’97 中国发展报告. 北京：中国统计出版社.

国家统计局. 1998. ’98 中国发展报告. 北京：中国统计出版社.

国务院办公厅. 2003-08-12. 国务院关于促进房地产市场持续健康发展的通知. http://www.gov.cn/zwgk/2005-08/13/content_22259.htm.

黄志忠，郗群. 2009. 薪酬制度考虑外部监管了吗——来自中国上市公司的证据. 南开管理评论，12（1）：49-56.

黄志忠，谢军. 2013. 宏观货币政策、区域金融发展和企业融资约束——货币政策传导机制的微观证据. 会计研究，（1）：63-69.

李维安，王辉. 2003. 企业家创新精神培育：一个公司治理视角. 南开经济研究，（2）：56-59.

李维安，王世权. 2007. 利益相关者治理理论研究脉络及其进展探析. 外国经济与管理，29（4）：

10-17.

梁帆. 2015. 机构投资者对创业板公司研发支出影响的实证研究. 经济经纬，32（1）：114-119.

梁莱歆，冯延超. 2010. 政治关联与企业过度投资——来自中国民营上市公司的经验数据. 经济管理，（12）：56-62.

刘志远，张西征. 2010. 投资/现金流敏感性能反映公司融资约束吗？——基于外部融资环境的研究. 经济管理，（5）：105-112.

罗明新，马钦海，胡彦斌. 2013. 政治关联与企业技术创新绩效——研发投资的中介作用研究. 科学学研究，（6）：938-947.

欧阳志刚，薛龙. 2016. 货币政策、融资约束与中小企业投资效率. 证券市场导报，（6）：11-18.

裴平，熊鹏. 2003. 我国货币政策传导过程中的“渗漏”效应. 经济研究，（8）：21-27.

彭方平，王少平. 2007. 我国利率政策的微观效应——基于动态面板数据模型研究. 管理世界，（1）：24-29.

权小锋，吴世农，文芳. 2010. 管理层权力、私有收益与薪酬操纵. 经济研究，（11）：73-86.

任海云. 2010. 股权结构与企业 R&D 投入关系的实证研究——基于 A 股制造业上市公司的数据分析. 中国软科学，（5）：126-135.

唐晓华，王伟光，马晓平. 2001. 经济转型期的企业技术创新障碍分析. 中国工业经济，（8）：76-80.

唐晓华，唐要家，苏梅梅. 2004. 技术创新的资源与激励的不匹配性及其治理. 中国工业经济，（11）：25-31.

王昌林，蒲勇健. 2005. 公司治理、技术创新路径与产业专业化. 管理工程学报，19（3）：10-14.

吴联生. 2010. 盈余管理、政治关联与公司税负. 会计论坛，1（17）：3-16.

吴文锋，吴冲锋，芮萌. 2009. 中国上市公司高管的政府背景与税收优惠. 管理世界，（3）：134-142.

吴秀波. 2003. 税收激励对 R&D 投资的影响：实证分析与政策工具选拔. 研究与发展管理，（1）：36-41.

肖红，肖明芳. 2014. 企业 R&D 投资的货币政策效应——基于 A 股上市公司的经验证据. 现代科学管理，（3）：51-53.

谢军，黄志忠. 2014a. 区域金融发展、内部资本市场与企业融资约束. 会计研究，（7）：75-81.

谢军，黄志忠. 2014b. 宏观货币政策和区域金融发展程度对企业投资及其融资约束的影响. 金融研究，（11）：64-78.

谢军，黄志忠，何翠茹. 2013. 宏观货币政策和企业金融生态环境优化——基于企业融资约束的实证分析. 经济评论，（4）：116-123.

邢祖礼，周文. 2011. 转轨体制、租金机制与企业的性质——兼论中国转型经济增长的“微观基础”. 经济理论与经济管理，（11）：20-29.

杨建君，李垣，薛琦. 2002. 基于公司治理的企业家技术创新行为特征分析. 中国软科学，（12）：124-127.

杨勇，达庆利，周勤. 2007. 公司治理对企业技术创新投资影响的实证研究. 科学学与科学技术管理，28（11）：61-65.

姚圣，徐颂. 2014. 高管政治背景与民营企业综合税负——基于政治关联的非线性影响研究. 会计与经济研究，（6）：3-15.

于蔚，汪淼军，金祥荣. 2012. 政治关联和融资约束：信息效应与资源效应. 经济研究，（9）：125-139.

余明桂，潘红波. 2008. 政治关系、制度环境与民营企业银行贷款. 管理世界，（8）：9-21，39，187.

余明桂，回雅甫，潘红波. 2010. 政治联系、寻租与地方政府财政补贴有效性. 经济研究，（3）：65-77.

俞立平. 2007. 企业性质与创新效率——基于国家大中型工业企业的研究. 数量经济技术经济研究，24（5）：108-115.

张洪辉，夏天，王宗军. 2010. 公司治理对我国企业创新效率影响实证研究. 研究与发展管理，22（3）：44-50.

张娟，黄志忠. 2016. 内部控制、技术创新和公司业绩——基于我国制造业上市公司的实证分析. 经济管理，（9）：120-134.

张林武，吴育华，孙明录. 2007. 资本市场对中国货币政策传导机制影响的实证分析. 电子科技大学学报（社会科学版），（3）：13-17.

张宗益，张湄. 2007. 关于高新技术企业公司治理与 R&D 投资行为的实证研究. 科学学与科学技术管理，28（5）：23-26，116.

赵付民，苏盛安，邹珊刚. 2006. 我国政府科技投入对大中型工业企业 R&D 投入的影响分析. 研究与发展管理，（2）：78-84.

赵洪江，夏晖. 2009. 机构投资者持股与上市公司创新行为关系实证研究. 中国软科学，（5）：33-39.

赵洪江，陈学华，夏晖. 2008. 公司自主创新投入与治理结构特征实证研究. 中国软科学，（7）：145-149.

朱平芳，徐伟民. 2003. 政府的科技激励政策对大中型工业企业 R&D 投入及其专利产出的影响——上海市的实证研究. 经济研究，（6）：45-53.

Acemoglu D，Newman A F. 2002. The labor market and corporate structure. European Economic Review，46：1733-1756.

Aghion P，Howitt P. 2006. Appropriate growth policy：a unifying framework. Journal of the European

Economic Association, 4: 269-314.

Aghion P, Askenazy P, Berman N. 2008. Credit Constraints and Cyclicality of R&D Investment: Evidence from France. Harvard University Working Paper.

Aghion P, van Reenen J, Zingals L. 2013. Innovation and institutional ownership. American Economic Review, 13（1）: 277-304.

Agrawal A, Knoeber C R. 2001. Do some outside directors play a political role? The Journal of Law and Economics, 44: 179.

Aliber R Z, Solomon R. 1993. The speculative bubble in Japan. International Economic Letter.

Allen F, Gale D. 2000. Bubbles and crises. The Economic Journal, 110: 236-255.

Arrow K J. 1962. Economic welfare and the allocation of resources for invention//Nelson R R. The Rate and Direction of Inventive Activity: Economic and Social Factors（NBER）. Princeton: Princeton University Press.

Audretsch D B, Feldman M P. 1996. R&D spillovers and the geography of innovation and production. The American Economic Review, 86: 630-640.

Baysinger B D, Kosnik R D, Turk T A. 1991. Effects of board and ownership structure on corporate R&D strategy. The Academy of Management Journal, 34（1）: 205-214.

Berle A, Means G. 1932. The Modern Corporate and Private Property. New York: Macmillan Publishing Company.

Bernanke B, Blinder A S. 1992. The federal funds rate and the transmission of monetary policy. American Economic Review, 82（4）: 901-921.

Bernanke B, Gertler M. 1995. Inside the black box: the credit channel of monetary policy transmission. The Journal of Economic Perspectives, 9: 27-48.

Bertrand M, Kramarz F, Schoar A, et al. 2004. Politically Connected CEOs and Corporate Outcomes: Evidence from France. Working paper.

Bhagat S, Welch I. 1995. Corporate research & development investments, international comparisons. Journal of Accounting and Economics, 19: 443-470.

Billings A, Glazunov S, Houston M. 2001. The role of taxes in corporate research and development spending. R&D Management, 31（4）: 465-477.

Blanchard O, Watson M. 1982. Bubbles, rational expectations and financial markets//Wachtel P. Crises in the Economic and Financial Structure. Lexington: Lexington Books: 295-316.

Brunnemeier M K, Nagel S. 2008. Do wealth fluctuations generate time-varying risk aversion? Micro-evidence on individuals. American Economic Review, 98（3）: 713-736.

Buchanan J. 1980. Reform in the Rent-Seeking Society—Toward a Theory of Rent-Seeking Society. College Park: Texas A&M University Press.

Bushee B J. 1998. The influence of institutional investors on myopic R&D investment behavior. The

Accounting Review，73：305-333.

Chaganti R，Damanpour F. 1991. Institutional ownership，capital structure，and firm performance. Strategic Management Journal，12：479-491.

Chaney P K，Faccio M，Parsley D C. 2007. The Quality of Accounting Information in Politically Connected Firms. AFA 2010 Atlanta Meetings Paper.

Chang K，Garen J. 2004. Residual income claimancy，monitoring，and the R&D firm：theory with application to biotechs. Managerial and Decision Economics，25（8）：489-507.

Charumllind C，Wiwattanakantang Y，Kali R. 2006. Connected lending：Thailand before the financial crisis. The Journal of Business，79（1）：181-218.

Chen C，Li Z，Su X，et al. 2011. Rent seeking incentives，corporate political connections，and the control structure of private firms：Chinese evidence. Journal of Corporate Finance，17（2）：229-243.

Chen V，Li J，Shapiro D M，et al. 2014. Ownership structure and innovation：an emerging-market perspective. Asia Pacific Journal of Management，31（1）：1-24.

Chirinko R S，Schaller H. 2001. Fixed investment and "bubbles"：the Japanese case. The American Economic Review，91（3）：663-680.

Chirinko R S，Schaller H. 2011. Do bubbles lead to overinvestment? A revealed preference approach. CESifo Working Paper Series No.3491.

Cochrane J. 2005. The risk and return of venture capital. Journal of Financial Economics，75：3-52.

Cumming D J. 2003. The structure，governance and performance of U.K. venture capital trusts. Journal of Corporate Law Studies，3：401-427.

Cumming D J. 2007. Government policy towards entrepreneurial finance：innovation investment funds. Journal of Business Venturing，22：193-235.

Cumming D J，MacIntosh J G. 2003. A cross-country comparison of full and partial venture capital exits. Journal of Banking and Finance，27：511-548.

Cumming D J，MacIntosh J G. 2006. Crowding out private equity：Canadian evidence. Journal of Business Venturing，21（5）：569-609.

Cumming D J，Johan S. 2009. Pre-seed government venture capital funds. Journal of International Entrepreneurship，7（1）：26-56.

Cyert R M，March J G. 1963. A Behavioral Theory of the Firm. Englewood Cliffs：Prentice Hall.

Dosi G. 1988. Source，procedures and microeconomic effects of innovation. Journal of Economic Literature，26：1120-1171.

Dosi G，Fagiolo G，Roventini A. 2008. Schumpeter Meeting Keynes：A Policy-Friendly Model of Endogenous Growth and Business Cycles. LEM Working Paper Series.

Dougherty D，Hardy C. 1996. Sustained product innovation in large，mature organizations：

overcoming innovation-to-organization problems. Academy of Management Journal, 39（5）: 1120-1153.

Eng L, Shackell M. 2001. The implications of long-term performance plans and institutional ownership for firms, research and development investment. Journal of Accounting, Auditing and Finance, 16（2）: 1149-1177.

Faccio M. 2006. Politically connected firms. Social Science Electronic Publishing, 96（1）: 369-386.

Fagerberg J. 1987. A technology gap approach to why growth rates differ. Research Policy, 16（2~4）: 87-99.

Fagerberg J. 1988. International competitiveness. The Economic Journal, 98: 355-374.

Fagerberg J, Verspagen B. 2002. Technology-gaps, innovation diffusion and transformation: an evolutionary interpretation. Research Policy, 31（8~9）: 1291-1304.

Falk M. 2004. What drives business R&D intensity across OECD countries. WIFO Working Paper.

Falkenstein E G. 1996. Preferences for stock characteristics as revealed by mutual fund portfolio holdings. The Journal of Finance, 51（1）: 111-135.

Fama E F, Jensen M C. 1983. Separation of ownership and control. Journal of Law and Economics, 26（2）: 301-325.

Fama E F, French K R. 1993. Common risk factors in the returns on stocks and bonds. The Journal of Financial Economics, 33: 3-55.

Fama E F, French K R. 1995. Size and book-to-market factors in earnings and returns. The Journal of Finance, 50: 131-155.

Ferreira D. 2010. Board Diversity in Corporate Governance: A Synthesis of Theory, Research, and Practice. Hoboken: John Wiley & Sons, Inc.

Fisman R. 2001. Estimating the value of political connections. The American Economics Review, 91（4）: 1095-1102.

Francis J, Smith A. 1995. Agency costs and innovation: some empirical evidence. Jornal of Accounting Economics, 19: 383-409.

Franko L G. 1989. Global corporate competition: who's wining, who's losing, and the R&D factor as one reason why. Strategic Management Journal, 10: 449-474.

Friedman M. 1970. The social responsibility of business is to increase its profits. New York Times, 13: 122-126.

Gilchrist S H, Charles P, Huberman G. 2005. Do stock price bubbles influence corporate investment? Journal of Monetary Economics, 52: 805-827.

Gilson R J. 2003. Engineering a venture capital market: lessons from the American experience. Stanford Law Review, 55: 1067-1103.

Gompers P A，Lerner J. 1996. The use of covenants：an empirical analysis of venture partnership agreements. The Journal of Law and Economics，39：463-498.

Gompers P A，Lerner J. 1999. The venture capital cycle. Social Science Electronic Publishing，15（2）：145-168.

Gompers P A，Lerner J. 2001a. The venture capital revolution. Journal of Economic Perspectives，15：145-168.

Gompers P A，Lerner J. 2001b. The Money of Invention：How Venture Capital Creates New Wealth. Boston：Harvard Business School Press.

Goolsbee A. 1998. Does government R&D policy mainly benefit scientists and engineers? American Economic Review，（2）：298-302.

Goyal V K，Yamada T. 2004. Asset price shocks，financial constraints，and investment：evidence from Japan. The Journal of Business，77（1）：175-199.

Graves S B. 1988. Institutional ownership and corporate R&D in the computer industry. Academy of Management Journal，31：417-428.

Grossman S J，Hart O D. 1980. Takeover bids，the free-rider problem，and the theory of the corporation. The Bell Journal of Economics，11（1）：42-64.

Hall B H，van Reenan J. 2000. How effective are fiscal incentives for R&D? A review of the evidence. Research Policy，29（4~5）：449-469.

Hansen G S，Hill C W. 1991. Are institutional investors myopic? A time-series study of four technology-driven industries. Strategic Management Journal，12（1）：1-16.

Hermalin B E，Weisbach M S. 1998. Endogenously chosen boards of directors and their monitoring of the CEO. The American Economic Review，88（1）：96-118.

Hill C W L，Hitt M A，Hoskisson R E. 1988. Declining U.S. competitiveness：reflections on a crisis. Academy of Management Perspectives，2（1）：51-60.

Hill C W L，Snell S A. 1988. External control，corporate strategy，and firm performance in research intensive industries. Strategic Management Journal，9：577-590.

Hillman A J，Dalziel T. 2003. Boards of directors and firm performance：integrating agency and resource dependence perspectives. Academy of Management Review，28（3）：383-396.

Hitt M A，Hoskisson R E，Ireland R D. 1990. Mergers and acquisitions and managerial commitment to innovation in m-form firms. Strategic Management Journal，11：29-47.

Hitt M A，Hoskisson R E，Johnson R A，et al. 1996. The market for corporate control and firm innovation. Academy of Management Journal，39：1084-1119.

Hitt M A，Harrison J S，Ireland R D. 2001. Mergers and Acquisitions：A Guide to Creating Value for Stakeholders. New York：Oxford University Press.

Holthausen R W，Larker D F，Sloan R G. 1995. Business unit innovation and the structure of executive compensation. Journal of Accounting and Economics，19：279-313.

Hoskisson R E，Hitt M A. 1994. Downscoping：How to Tame the Diversified Firm. New York：Oxford University Press.

Hoskisson R E，Hitt M A，Johnson R A，et al. 2002. Conflicting voices：the effects of institutional ownership heterogeneity and internal governance on corporate innovation strategies. Academy of Management Journal，45（4）：697-716.

Hosono K，Tomiyama M，Miyagawa T. 2004. Corporate governance and research and development：evidence from Japan. Economics of Innovation and New Technology，13：141-164.

Jacobs M T. 1991. Short-Term America：The Causes and Cures of Our Business Myopia. Cambridge：Harvard Business School Press.

Jarrell G A，Lehn K，Marr W. 1985. Institutional ownership，tender offers and long-term investments. Washington：Office of the Chief Economist，Securities and Exchange Commission.

Jensen M C. 1993. The modern industrial revolution，exit，and the failure of internal control systems. The Journal of Finance，48（3）：831-880.

Johnson S，Mitton T. 2003. Cronyism and capital controls：evidence from Malaysia. Journal of Financial Economics，67（2）：351-382.

Jones G，Butler J. 1992a. Managing internal corporate entrepreneurship：an agency theory perspective. Journal of Management，18：733-749.

Jones G，Butler J. 1992b. Managing investors and firm innovation：a test of competing hypotheses. Strategic Management Journal，17：73-84.

Josheski D，Koteski C. 2011. The causal relationship between patent growth and growth of GDP with quarterly data in the G7 countries：cointegration，ARDL and error correction models. MPRA Paper No. 33153.

Kashyap A K，Stein J C. 1994. Monetary policy and bank lending//Mankiw N G. Monetary Policy. Chicago：University of Chicago Press：2077-2092.

Khwaja A I，Mian A. 2005. Do lenders favor politically connected firms? Rent seeking in an emerging financial market. Quarterly Journal of Economics，120（4）：1371-1411.

Kochhar R，David P. 1996. Institutional investors and firm innovation：a test of competing hypotheses. Strategic Management Journal，17：73-84.

Kwang N Y. 1965. Why do people buy lottery tickets? Choices involving risk and the indivisibility of expenditure. Journal of Political Economy，（5）：530-535.

Kwon I. 2005. Threat of dismissal：incentive or sorting? Journal of Labor Economics，23：797-838.

La Porta R，Lopez-de-Silanes F，Shleifer A. 1999. Corporate ownership around the world. The Journal of Finance，54（2）：471-517.

La Porta R，Lopez-de-Silanes F，Shleifer A，et al. 2000. Investor protection and corporate governance. Journal of Financial Economics，58（1~2）：3-27.

La Porta R，Lopez-de-Silanes F，Shleifer A. 2002. Government ownership of banks. The Journal of Finance，57（1）：265-301.

La Porta R，Lopez-de-Silanes F，Zamarripa G. 2003. Related lending. Quarterly Journal of Economics，18（1）：231-268.

Lee P M，O'Neill H M. 2003. Ownership structures and R&D investments of U.S. and Japanese firms：agency and stewardship perspectives. Academy of Management Journal，46（2）：212-225.

Lerner J. 1999. The government as venture capitalist：the long-run effects of the SBIR program. Journal of Business，72：285-318.

Lerner J. 2002. When bureaucrats meet entrepreneurs：the design of effective "public venture capital" programmes. The Economic Journal，112：F73-F84.

Levin R，Zervons S. 1998. Stock markets，banks，and economic growth. American Economic Review，88：537-558.

Loh L W T，Venkatraman N. 1993. Corporate governance and strategic resource allocation：the case of information technology investment. Accounting Management & Information Technologies，3（4）：213-228.

Lucas R E. 1988. On mechanisms of economic development. Journal of Monetary Economics，22（1）：3-42.

Magee S，Brock W，Young L. 1989. Black Hole Tariffs and Endogenous Policy Theory. Cambridge：Cambridge University Press.

Malatesta P，Walling R. 1988. Poison pill securities：stockholder wealth，profitability and ownership structure. Journal of Financial Economics，20：374-376.

Manso G. 2011. Motivating innovation. The Journal of Finance，66（5）：1823-1860.

Mcfetridge D G，Warda J P. 1983. Canadian R&D incentives：their adequacy and impact. Canadian Tax Foundation，（70）：93-97.

Minetti R，Murro P，Paiella M. 2015. Ownership structure，governance，and innovation. European Economic Review，80：165-193.

Mirzadeh P，Nikzad N. 2013. An analysis of relation between resident and non-resident patents and gross domestic product：studying 20 countries. International Journal of Management and Social Sciences，1（2）：2357-2787.

Myers S，Majluf N. 1984. Corporate financing and investment decisions when firms have information that investors do not have. Journal of Financial Economics，13：187-221.

O'Sullivan M. 2000. Contests for Corporate Control. New York：Oxford University Press.

Onida F. 2004. Se il piccolo non cresce. Bologna：II Mulino.

Organization for Economic Cooperation and Development. 1996. Government Programmes for Venture Capital. Paris：Organization for Economic Cooperation and Development.

Porter M E. 1992. Capital disadvantage：America's failing capital investment system. Harvard Business Review，70：65-82.

Posner M. 1961. International trade and technical change. Oxford Economic Papers，（3）：323-341.

Poterba J. 1989a. Capital gains tax policy toward entrepreneurship. National Tax Journal，42：375-389.

Poterba J. 1989b. Venture capital and capital gains taxation//Summers L H. Tax Policy and the Economy. Cambridge：MIT Press：47-67.

Reinikka R，Svensson J. 2004. Local capture：evidence from a central government transfer program in Uganda. Quarterly Journal of Economics，119（2）：679-705.

Ribstein L E. 2002. Market vs. regulatory responses to corporate fraud：a critique of the sarbanes-oxley act of 2002. Journal of Corporate Law，28（1）：1-16.

Roe M J. 1994. Strong Manager，Weak Owners. Princeton：Princeton University Press.

Romer P M. 1986. Increasing returns and long-run growth. Journal of Political Economy，94：1002-1037.

Romer P M. 1990. Endogenous technological change. Journal of Political Economy，98（5）：71-102.

Ryan H E，Wiggins R A. 2002. The interactions between R&D investment decisions and compensation policy. Financial Management，31：5-29.

Salter A J，Martin B R. 2001. The economic benefits of publicly funded basic research：a critical review. Research Policy，30（3）：509-532.

Samuel C. 1996. Stock market and investment：the governance role of the market. Policy Research Working Paper.

Sapienza P. 2004. The effects of government ownership on bank lending. Journal of Financial Economics，72：357-384.

Scharfstein D S，Stein J C. 1990. Herd behavior and investment. The American Economic Review，80：465-479.

Schumpeter J. 1934. The Theory of Economic Development. Cambridge：Harvard University Press.

Shapiro C，Stiglitz J E. 1984. Equilibrium unemployment as a worker discipline device. The American Economic Review，74：433-444.

Shleifer A，Vishny R W. 1994. Politicians and firms. The Quarterly Journal of Economics，109（4）：995-1025.

Simons R. 1995. Control in an age of empowerment. Harvard Business Review，73（2）：80-88.

Singh A. 1999. Should Africa promote stock market capitalism? Journal of Informational Development, 11（3）: 343-365.

Solomon D，Bryan-Low C. 2004. Companies complain about cost of corporate governance rules. The Wall Street Journal，10：A1.

Solow R M. 1956. A contribution to the theory of economic growth. The Quarterly Journal of Economics，70（1）: 65-94.

Sorensen A. 1999. R&D，learning and phases of economic growth. Journal of Economic Growth，4：429-445.

Starr M K. 1993. Corporate venturing：creating new business within the firm. Columbia Journal of World Business，28（4）: 97-98.

Swan T W. 1956. Economic growth and the capital accumulation. Economic Record，32（2）: 334-361.

Tarr J. 2010-09-19. The Big Engine That Couldn't. The Economist.

Tobin J. 1969. A general equilibrium approach to monetary theory. Journal of Money，Credit，and Banking，1：15-29.

Verona G. 1992. A resource-based view of product development. Academy of Management Review，24（1）: 132-142.

Wahal S. 1996. Pension fund activism and firm performance. Journal of Financial and Quantitative Analysis，31：1-23.

Weber E U，Hsee C K. 1999. Models and mosaics：investigating cross-cultural differences in risk perception and risk preference. Psychonomic Bulletin & Review，6（4）: 611-617.

Westphal J D，Zajac E J. 1995. Who shall govern? CEO/board power，demographic similarity，and new director selection. Administrative Science Quarterly，40（1）: 60-83.

Wu Y，Zhou L. 2007. Cointegration and causality between R&D expenditure and economic growth in China：1953-2004. http://web.cenet.org.cn/ upfile/113225.pdf.

Yafeh Y，Yosha O. 2003. Large shareholders and banks：who monitors and how? Economic Journal，113（484）: 128-146.

Ye F Y. 2007. A quantitative relationship between per capita GDP and scientometric criteria. Scientometrics，71（3）: 407-413.

Zahra S A. 1996. Governance，ownership，and corporate entrepreneurship：the moderating impact of industry technological opportunities. Academy of Management Journal，39（6）: 1713-1735.

Zahra S A，Pearce J. 1989. Boards of directors and corporate financial performance：a review and integrative model. Journal of Management，15：291-334.

Zhang I X. 2007. Economic consequences of the sarbanes-oxley act of 2002. Journal of Accounting and Economics，44（1/2）: 74-115.